自闭谱系障碍儿童早期干预丛书　　丛书顾问　方俊明
　　　　　　　　　　　　　　　　丛书主编　苏雪云

如何发展自闭谱系障碍儿童的认知能力

潘前前　杨福义　编著

图书在版编目(CIP)数据

如何发展自闭谱系障碍儿童的认知能力/潘前前,杨福义编著.—北京:北京大学出版社,2014.1

(自闭谱系障碍儿童早期干预丛书)

ISBN 978-7-301-23478-5

Ⅰ.①如… Ⅱ.①潘…②杨… Ⅲ.①缄默症—儿童教育—特殊教育—研究 Ⅳ.①G760

中国版本图书馆CIP数据核字(2013)第273406号

书　　名	如何发展自闭谱系障碍儿童的认知能力
	RUHE FAZHAN ZIBI PUXI ZHANGAI ERTONG DE RENZHI NENGLI
著作责任者	潘前前　杨福义　编著
责任编辑	李淑方
标准书号	ISBN 978-7-301-23478-5
出版发行	北京大学出版社
地　　址	北京市海淀区成府路205号　100871
网　　址	http://www.pup.cn　新浪微博:@北京大学出版社
电子信箱	zyl@pup.pku.edu.cn
电　　话	邮购部 62752015　发行部 62750672　编辑部 62767857
印刷者	北京宏伟双华印刷有限公司
经销者	新华书店
	720毫米×1020毫米　16开本　22印张　230千字
	2014年1月第1版　2018年6月第2次印刷
定　　价	48.00元

未经许可,不得以任何方式复制或抄袭本书之部分或全部内容。

版权所有,侵权必究

举报电话: 010-62752024　电子信箱: fd@pup.pku.edu.cn

图书如有印装质量问题,请与出版部联系,电话: 010-62756370

丛书总序

自从1943年,美国精神病医生坎纳(Kenner)首次报道了11例自闭症儿童以来,人们越来越深地认识到自闭症是一种差异性很大的广泛性发展障碍(Pervasive Developmental Disorders,PDD)。当今学术界把自闭症儿童称为自闭谱系障碍(Autism Spectrum Disorders,ASD)儿童。自闭谱系障碍包括卡纳型自闭症、阿斯伯格症这两种主要类型,还包括瑞特综合征(Rett's Disorder)、儿童期分裂障碍(Childhood Disintegrative Disorder)和不确定的广泛性发展障碍(PDD-NOS),被称为"特殊儿童之王"。

为了引起世界各国的广泛关注和高度重视,联合国将每年的4月2日定为世界自闭症日。近年来,许多发达国家的政府、基金会、高等学校和研究机构都增加了研究投入,希望能早日攻克困扰全球的自闭谱系障碍儿童医疗、教育和康复问题。当代自闭谱系障碍的研究已经越出了儿童精神学的范畴,成为儿童精神病学、特殊教育学、语言学、心理学和社会科学等多学科共同关注的研究课题。

如何发展自闭谱系障碍儿童的认知能力

从多学科和交叉学科的研究路径来看关于自闭谱系障碍的研究主要有以下几方面：一是从医学、生物学、生理学、神经科学、精神病学的角度，围绕着遗传基因、脑功能、神经传导、精神障碍等问题进行了大量的基础研究，特别关注基因如何影响脑神经的形成和自闭谱系障碍儿童的生物性成因。二是从特殊教育学、儿童心理学、发展心理学的角度，采用实验研究和临床研究相结合的方法来探讨自闭谱系障碍儿童的行为特征、信息加工过程以及评估、干预、训练和教育的原理和方法，并挖掘自闭谱系障碍儿童可能凸显的潜能。三是采用实用语言学和实验语言学的方法来研究自闭谱系障碍儿童的语言发展、语言使用能力、语言活动的神经过程等。四是从社会学、管理学、预防学、人口学、统计学的角度来探讨如何通过社会组织（如人口计生委、妇幼保健机构、残联、社区机构、婴幼儿机构）和社会工作者帮助儿童家长对新生儿童、婴幼儿、高危儿童进行早期筛查、综合评估和鉴定，以便及早地发现和进行早期治疗、康复、干预、训练和教育，同时建立儿童发展的信息库，帮助政府和相关部门制定相应的方针政策。

近年来，这些跨学科与交叉学科的研究形成了一个重要的共识：早期发现、干预和教育是目前唯一有效地降低障碍程度，促进自闭谱系障碍儿童发展的途径。

为了将上述跨学科和交叉学科的研究成果运用于实践，将早期干预的基本理念转化为日常的教育康复活动，北京大学出版社在

2011年推出一套22本的"21世纪特殊教育创新教材"的基础上,又新推出一套"自闭谱系障碍儿童早期干预丛书"。

这套自闭谱系障碍儿童早期干预丛书,由华东师范大学学前教育与特殊教育学院苏雪云博士主编,她曾于2007年到2008年在美国乔治敦大学医学院围绕自闭谱系障碍早期干预进行博士后研究,回国后一直从事自闭谱系障碍和早期干预研究与实践;分册作者均为高校特殊教育学系教师、学前教育学系教师,有丰富的教学与科研实践经验,或者华东师范大学特殊教育学研究生,在研究生导师的指导下,结合自己的教学实践和论文研究参与了分册的共同编写,其比较鲜明的特点如下:

一是读者范围明确,即面对广大自闭谱系障碍儿童的家长和在基层学校、幼儿园从事自闭谱系障碍儿童教育康复工作的一线教师。

二是选题得当,作为一套用来指导自闭谱系障碍儿童家长和教师教育、干预工作的指导手册,各分册选择了自闭谱系障碍儿童发展过程中最突出的社会沟通、人际交往、生活自理、感知运动、认知特点等主要问题进行详细的阐述。

三是内容新颖,丛书各分册都反映了目前国内外有关自闭谱系障碍儿童研究的最新成果,例如,有关社会脑和认知神经科学方面的研究成果、早期干预和社会综合治理的理念、综合评估的方法、行为干预的原理与游戏治疗的方法等。

四是深入浅出，通俗易懂，适合于基础工作者和广大儿童家长的专业阅读水平，避免了经院学究型的旁征博引。

五是突出三"实"，即结合我国当前自闭谱系障碍儿童教育与康复工作的实际，采用大量实证性的案例，充分地显示出作为资源手册，有效地指导广大自闭症儿童家长和一线教师日常活动的实用性。

作为一个特殊教育工作者，我殷切地希望，北京大学出版社两套特殊教育丛书的先后问世，将有力地推动我国特殊教育事业的发展，提高我国自闭谱系障碍儿童的教育和康复水平。

华东师范大学　终身教授
特殊教育研究所　所长
中国高等教育学会特殊教育研究会理事长
方俊明
2013年8月5日

写给家长的话

面对一个新生命的来临,每一个母亲和家庭都满怀期待,充满憧憬,而每一个小宝宝生命里最值得信赖也最依赖的就是爸爸妈妈,家庭里多了一个新成员,会给我们带来很多快乐,也带来很多的挑战。第一次喂奶,第一次换尿布,直到看着他对着我们微笑,学会爬,学会站立和自己行走……

每一个孩子都是独一无二的,但当我们发现自己的孩子真的那么特殊的时候,我们会情愿自己的孩子跟别人家的孩子一样。当我们在甜蜜地假想宝宝"会先叫爸爸还是妈妈"的时候,宝宝已经两岁了还什么话都没有,有时候喊他的名字也不理睬我们,宝宝对其他小朋友也没有特殊的兴趣,然后还有一些很冷门的爱好,和我们无法理解的行为……当医生告诉我们,孩子可能是自闭症,或者有自闭症倾向的那一刻,我们还是无法相信,曾经的憧憬和希望似乎崩塌了。

我自己也是一个妈妈,孩子出生时难产,出院后就开始早期干预……因此每一次面对儿童和家庭,那些担忧和焦虑,感同身受。但同时也有一种迫不及待地想要鼓励每位妈妈和爸爸坚强起来去采取积极行动的热望和冲动。

在我国,随着1982年首次报道自闭症,相关的研究和教育训练都在发展,很多家长在儿童2岁前就已经发现了"哪里不对",但我们的一个调研发现,从家长发现儿童的行为异常,比如"不会主动跟大人有情感的表达""对人没有兴趣""叫他的名字没有反应"等,到家长首次去医院进行检查之间平均有13.7个月的滞后期。而即便在医院得到了诊断,到真正去寻求服务也有6.5个月的滞后期。当然这只是一个平均数字,来咨询的很多家长也有在第一时间就采取行动的。

自闭谱系障碍曾经被视为是很罕见的一种障碍,大约1万例新生儿里有3例,但目前根据美国疾病预防中心的最新数据,自闭谱系障碍的发生率已经为每88人中有1例(CDC,2012),其发生率高于很多常见的障碍,已经从过去很罕见的疾病发展为较为常见的发育障碍性疾病,甚至超过脑瘫及唐氏综合征的患病率,排在儿童精神发育障碍的首位。但我国目前还没有确定的关于这一障碍的统计数据,根据2006年我国第二次全国残疾人抽样调查结果显示,0~6岁精神残疾儿童(含多重)占该年龄段儿童总数的1.01‰,其中自闭症儿童占精神残疾儿童总数的36.9%,约为4.1万人。虽然没有关于流行率的确定结论,但一般认为我国现有400万到1000万的自闭谱系障碍患者,其中包括100万到300万的儿童。

作为自闭谱系障碍中被研究最多的自闭症,也被称为"特殊儿童之王",自闭症的病因还不明确,较为一致的看法是"这由于脑的发展、神经化学和遗传等因素的异常所引起",尚无有效的针对自闭症核心障碍的药物治疗途径,同时这类儿童大多数还伴有智力发育障碍、学习障碍、癫痫等其他障碍或疾病,其干预和教育一直是难点。作为一种起病于婴幼儿期的发展性障碍,通常在3岁前其症状就已显现,包括:沟通和社会交往的质的损伤;狭窄的、重复的、刻板的行为模式、兴趣与活动,且很多患者在成年后依然存在这些领域的缺陷,特别是在社会交往方面有严重障碍,在日常生活和谋生技能方面有严重缺陷,成为伴随终生的一种障碍,对患者及其家庭造成极大压力,同时也给社会带来很大的问题。

目前自闭谱系障碍的干预方法仅在美国就有上百种之多,由于这一障碍的个体内差异和个体间差异都非常巨大,每个儿童可能适用的有效的干预方法也不尽相同。自闭谱系障碍的治疗和干预领域,目前达成的共识有这样几点:第一,自闭谱系障碍早期干预十分关键,越早干预,愈后越好;第二,多学科协作的干预模式,全面地从儿童的各个领域进行综合干预,包括语言和言语治疗、社会交往技能训练、行为干预、感觉统合等;第三,在融合的环境内提供给自闭谱系障碍儿童与典型发展儿童互动的机会,有助于自闭谱系障碍儿童的发展;第四,家庭和家长在早期干预中的参与和为家长提供支持和培训,有助于自闭谱系障碍儿童的发展;等等。

而我国目前的早期干预机构远远不能满足儿童和家庭的需求,特别是0～3岁阶段,家长们在第一时间发现,第一时间进行干预,是极为关键的。诊断并不是最重要的,早期干预的目标并不是确定儿童的障碍是什么,而是当儿童可能存在特殊发展需要的时候,我们第一时间给予儿童相应的支持和调整,为儿童的发展提供机会和经验,然而很多家长,甚至干预老师不知道如何与自闭谱系障碍的儿童进行互动,也不知道如何开展有效的早期干预,即使是有经验的教师也时常会觉得"巧妇难为无米之炊",因此在很多家长和干预老师的建议下,我们硬着头皮做了这次勇敢的尝试,编写了"自闭谱系障碍儿童早期干预丛书"。

这套丛书的编写得到了很多老师的帮助和支持,非常荣幸地由方俊明教授担任丛书顾问,并由杨广学、王和平、周念丽、杨福义和周波各位教授分别参与分册的编写和指导工作。这套书是在我负责的浦江人才项目"自闭谱系障碍儿童家庭早期干预体系研究"和教育部人文社科青年基金"自闭谱系障碍儿童融合教育支持系统研究(12YJC880090)"和家庭干预的实践成果基础上,由各位作者辛苦完善编写的。在此非常感谢每一位作者的智慧和热情。也非常感谢北京大学出版社的李淑方编辑的支持和督促。丛书的初稿从2009年开始起草,到2011年逐步完善成书,经历了一个艰苦的过程,在写作过程中我们也始终惶恐,自闭谱系障碍的早期干预本身就是一个非常复杂的内容,我们仅仅能在我们的能力范围内与大家分享我们所知道的"皮毛",期望可以抛砖引玉,各位家长和老师在使用本丛书的过程中,能与我们分享你们的体会和意见,或者你们有更好的游戏创意,一起来完善丛书,欢迎写信到 early4ASD@163.com。

每一个儿童都是独一无二的,自闭谱系障碍的儿童具有更特殊的独一无二的特性,我们也知道每个儿童的发展都是很多因素共同促成的,为了方便使用和写作,这套丛书还是分别从不同的角度和领域进行了分册编写。

《如何理解自闭谱系障碍和早期干预》(苏雪云)从整体上给出理解自闭谱系障碍儿童和开展早期干预的一些指南,特别是整合运用其他分册的一些操作建议,包括最新的关于自闭谱系障碍的新进展、家长心态调整、如何开展早期干预等。

《如何在游戏中干预自闭谱系障碍儿童》(朱瑞、周念丽)关注的是游戏在早期干预中的作用,自闭谱系障碍儿童的游戏能力也存在缺陷,其他各个领域的能力可以在学会游戏、进行游戏的过程中得到发展。

接下来的五本分册都将关注"游戏/活动",为家长选取不同领域的游戏提供一些理论指导、儿童发展的基本知识(发展里程碑)等,主体部分为一个一个游戏或者活动。其中《如何发展自闭谱系障碍儿童的沟通能力》(朱晓晨、苏雪云)和《如何发展自闭谱系障碍儿童的社会交往能力》(吕梦、杨广学)两本针对的是自闭谱系障碍儿童的核心障碍——沟通和社会交往存在质的缺陷;《如何发展自闭谱系障碍儿童的自我照料能力》(倪萍萍、周波)单独成册是考虑到很多与自闭谱系障碍儿童一起成长的家长,在自己的孩子成年后都不约而同地认为"自我照料"和生活独立是非常关键的;《如何发展自闭谱系障碍儿童的感知和运动能力》(韩文娟、徐芳、王和平)则为我们提供了丰富的促进感知运动发展的游戏干预方法和活动参考,这也是因为很多自闭谱系障碍儿童在这个领域也存在很多挑战;《如何发展自闭谱系障碍儿童的认知能力》(潘前前、杨福义)独立成册也是家长和教师们的建议,认知能力是基础和综合的能力,也是很多自闭谱系障碍儿童无法自然发展的能力。

这套丛书没有完全覆盖儿童发展的各个领域,主要是根据我们在与自闭谱系障碍儿童和家庭一起开展早期干预的经验的基础上,选取了我们认为较为核心的和干预资料较为丰富的领域来编写,肯定还有其他的内容也是非常重要的,值得日后在实践和研究中不断完善。

再次感谢您选择了这套丛书,这套丛书编写的过程中我们非常强调"基于实证",各位家长和干预教师可以根据自己孩子的情况进行选择使用,这套书不仅实用于已经被诊断为自闭症或者自闭症倾向的儿童,也适合发展迟缓的儿童和可能存在高危发展的儿童。让我们一起努力,为我们的孩子创设一个有意义的童年世界,和我们的孩子一起成长吧!

苏雪云　博士　副教授
华东师范大学特殊教育学系
华东师范大学自闭症研究中心
2013 年 8 月 7 日

本书自序

儿童能够感知丰富多彩的世界，学习各项知识和技能，知道如何解决问题，都源于认知能力的发展。认知能力是一项综合能力，包括感知能力、注意力、记忆力、问题解决能力等，这些能力时时体现在儿童的日常生活中，而且认知能力与儿童未来学业水平有很大的关系，因此，如何发展儿童的认知能力也日益受到家长和老师的关心。

自闭谱系障碍（Autism Spectrum Disorder，ASD）儿童在认知方面常常会与众不同，比如：听力没问题，却好像听不到大人叫唤；注意力好像很难集中，但有时候又很难从某个活动上转移开来；有时记忆力超群，很小就认识很多字，但有时却很难记住刚刚发生的事；很多时候不喜欢和其他小朋友一起玩"过家家"，而是喜欢一个人排列积木……近年来许多研究都证明，自闭谱系障碍儿童这些独特的行为都与其认知能力有关，也开始用认知理论对这些行为进行解释并对教育与干预活动进行指导。

本书共包括三个部分：第一部分"一起来了解儿童的认知能

力",希望能够简洁地呈现自闭谱系障碍儿童认知发展的特点,帮助家长从科学的视角看待孩子的认知能力;第二部分"看看你的孩子的发展水平",希望通过呈现普通儿童认知发展的里程碑,帮助家长更好地判断儿童的认知发展水平和障碍所在,尽管自闭谱系障碍儿童的认知发展有其独特之处,但也有与普通儿童共同的地方;第三部分"让我们一起来促进儿童认知能力的发展",希望通过各种适于家庭环境开展的游戏活动促进自闭谱系障碍儿童的认知发展,也是抛砖引玉,希望这些游戏能够激发家长们的创造力,设计更加适合自己孩子的游戏。

本书的编写得到华东师范大学学前教育与特殊教育学院许多老师的支持与指导,在编写过程中也参考了许多国内外文献资料,虽列出一部分文献作者的名字,但时间仓促,难免疏漏,在此对给予指导的各位老师和参考文献的作者们表示深深的谢意。

本书的编写得到2013年上海市浦江人才计划资助(项目编号:13PJC037),在此表示感谢。

自闭谱系障碍儿童个体差异较大,针对认知能力的早期干预方法层出不穷,囿于能力和时间有限,本书难免存在错误和不当之处,恳请读者批评指正。

编者
2013年9月8日

目　　录

第一部分　一起来了解儿童的认知能力 …………………………… 1
　一　什么是认知能力？ …………………………………………… 2
　二　儿童的认知能力包括了哪些？ ……………………………… 3
　三　认知能力如何体现在日常生活中？ ………………………… 5
　四　注意力到底是什么？ ………………………………………… 6
　五　自闭谱系障碍儿童的认知特点有哪些？ …………………… 7
　六　自闭谱系障碍儿童有很多是天才吗？
　　　高功能自闭症又指的是什么？ …………………………… 13
　七　说谎也是一种能力吗？什么是儿童心理理论？ ………… 15
　八　为什么自闭谱系障碍儿童不爱玩过家家？ ……………… 18
　九　为什么自闭谱系障碍儿童总是充耳不闻，
　　　视而不见的样子？ ………………………………………… 19
　十　为什么自闭谱系障碍儿童总是出现刻板行为？ ………… 20
　十一　为什么自闭谱系障碍儿童更关注细节？ ……………… 23
　十二　常用的促进自闭谱系障碍儿童认知发展的
　　　　干预方法有哪些？ ……………………………………… 26
　十三　如何选择干预方法？ …………………………………… 31

十四　针对自闭谱系障碍儿童有哪些有效的干预策略？…… 33

第二部分　看看你的孩子的发展水平…… 37
　一　感知觉…… 39
　二　注意与记忆…… 43
　三　数概念…… 48
　四　问题解决与推理…… 50
　五　自我概念…… 53

第三部分　让我们一起来促进儿童认知能力的发展…… 55
　一　感知觉…… 56
　　1. 玩拼板（视知觉）…… 56
　　2. 我是小小建筑师（视知觉）…… 58
　　3. 玩拼图（视知觉）…… 61
　　4. 帮形状宝宝找家（视知觉）…… 64
　　5. 比大小（视知觉）…… 66
　　6. 红色去哪里了？（视知觉）…… 67
　　7. 找出一样的图形（视知觉）…… 70
　　8. 送卡片宝宝找妈妈（2个维度进行分类）（视知觉）…… 71
　　9. 看，上面有什么？（辨别方向）（视知觉）…… 73
　　10. 搭出一样的（视知觉）…… 75
　　11. 几何图形配对（视知觉）…… 77

12. 字母配对(视知觉) …………………………… 79
13. 找出好朋友(视知觉) ………………………… 81
14. 找朋友(按物品的功能分类)(视知觉)……… 83
15. 数字宝宝找朋友(视知觉) …………………… 86
16. 早上,我们要做什么?(时间知觉) ………… 87
17. 介绍一下我的玩具(视知觉) ………………… 89
18. 谁和谁是一样的?(按形状和颜色对物品分类)
    (视知觉) …………………………………… 92
19. 搭一个动物园吧!(搭建需要想象力的东西)
    (视知觉) …………………………………… 94
20. 找找找(找出同类)(视知觉) ………………… 96
21. 送图片宝宝回家(按颜色、形状、数量或功能等分类)
    (视知觉) …………………………………… 99
22. 找出自己的名字(视知觉) …………………… 101
23. 模仿搭积木(视觉记忆) ……………………… 102
24. 玩具在哪里?(方位知觉) …………………… 104

二 自我概念 ……………………………………… 106

25. 宝宝!(宝宝的名字)(自我识别) …………… 106
26. 和镜子做游戏!(自我识别) ………………… 108
27. 照照镜子(自我识别) ………………………… 110
28. "不"!(自尊) ………………………………… 112
29. 我很高兴(认识到自己的不同感受)(自尊) …… 114
30. 我的东西(从多样物品中找出自己的)(自尊) … 116

3

31. 我当小演员（自尊） ·················· 120

32. 我在照片上！（自尊） ················ 122

33. 我___岁啦！（自尊） ················ 124

34. 我叫……（自尊） ···················· 125

35. 我是男孩（女孩）（性别概念） ········ 127

36. 请你来帮我（自尊） ·················· 129

37. 真是不好意思！（自尊） ·············· 132

　　三　注意与记忆 ························ 135

38. 看,玩具在哪里？（视觉注意） ········ 135

39. 什么没有啦？（追视能力） ············ 138

40. 看看,哪个在动？（追视能力） ········ 139

41. 接下来做什么？（记忆能力） ·········· 142

42. 听,什么声音？（听觉注意） ·········· 144

43. 找一找,声音在哪里？（听觉注意） ···· 146

44. 看不见啦?！（视觉注意） ············ 149

45. 玩具在哪里？（视觉注意） ············ 151

46. 接下来会发生什么？（视觉记忆） ······ 154

47. 不一样的声音（听觉记忆） ············ 156

48. 我找到玩具啦！（视觉记忆） ·········· 158

49. 接话游戏（听觉注意） ················ 161

50. 一起来看书（视觉注意） ·············· 162

51. 怎么不一样了？（视觉记忆） ·········· 164

52. 我会找东西（视觉记忆） ·············· 167

53. 发现新玩具（视觉记忆）………………………… 170
54. 听，是谁的声音？（听觉记忆）…………………… 172
55. 我来当小猫（模拟声音）（听觉记忆）…………… 173
56. 拿玩具与送玩具回家（视觉记忆）……………… 175
57. 模仿故事里的声音（听觉记忆）………………… 178
58. 猜猜是什么发出了声音（听觉记忆）…………… 180
59. 刚刚看到了什么？（视觉记忆）………………… 182
60. 猜猜玩具在哪只手里？（视觉记忆）…………… 184
61. 我喜欢的书（视觉与听觉记忆）………………… 186
62. 我认识的标志（视觉记忆）……………………… 188
63. 寻找双胞胎（视觉记忆）………………………… 190
64. 哪一个不见了？（视觉记忆）…………………… 192
65. 我记得……（记忆力）…………………………… 194
66. 儿歌怎么变了？（记忆力）……………………… 196
67. 刚刚看见过的是？（视觉记忆）………………… 197
68. 图片翻翻看（视觉记忆）………………………… 199

四 问题解决与推理 ………………………………… 202

69. 咦，新的玩具？（注意力）……………………… 202
70. 我碰到了什么？（问题解决）…………………… 204
71. 让玩具动起来！（问题解决）…………………… 206
72. 会玩手里的玩具（问题解决）…………………… 209
73. 努力拿到喜欢的玩具（问题解决）……………… 210
74. 做鬼脸（问题解决）……………………………… 212

75. 咚！东西掉到哪里去了？（推理） …… 214
76. 东西去哪儿了？（问题解决） …… 217
77. 我要拿到玩具（问题解决） …… 219
78. 我会玩出多种花样！（问题解决） …… 220
79. 修理玩具（问题解决） …… 222
80. 扔进去和拿出来（问题解决） …… 224
81. 玩具躲在哪里？（问题解决） …… 226
82. 把玩具拉出来！（问题解决） …… 228
83. 玩具藏在后面啊！（问题解决） …… 230
84. 帮我修修玩具吧！（问题解决） …… 232
85. 解决小问题（问题解决） …… 235
86. 我能拿到高处的东西！（问题解决） …… 237
87. 玩具玩具，动起来（问题解决） …… 239
88. 车子滚下来了（推理） …… 241
89. 按大小来排队（问题解决） …… 243
90. 展示玩具的玩法（问题解决） …… 245
91. 说出"为什么"（推理） …… 247
92. 哈哈，你做错了！（推理） …… 249
93. 工具配对（推理） …… 252
94. 卡片宝宝排队（推理） …… 254
95. 这个东西这么用（问题解决） …… 257
96. 我感到……我会……（问题解决） …… 258
97. 牛奶从什么地方来的？（问题解决） …… 261

98. 怎么做三明治？(问题解决) …………………… 263

99. 你来说,我来说(推理) …………………… 265

100. 图上少了什么？(问题解决) …………………… 266

101. 接下来会发生……(推理) …………………… 268

102. 讲一讲我的故事(问题解决) …………………… 270

103. 讲一讲物品的新用途(问题解决) …………………… 272

104. 找相同(问题解决) …………………… 274

105. 后来会发生什么？(推理) …………………… 276

五 数概念 …………………… 278

106. 比多少(感知集合) …………………… 278

107. 我要"一个"(感知集合) …………………… 280

108. 唱数 1—10(10 以内基数概念) …………………… 282

109. 数 3 个数(10 以内基数概念) …………………… 283

110. 一共有几个？(10 以内基数概念) …………………… 285

111. 给我两个娃娃(10 以内基数概念) …………………… 286

112. 说一说(感知集合) …………………… 288

113. 三只小鸭子(10 以内基数概念) …………………… 291

114. 哪一个多？(感知集合) …………………… 292

115. 一样多(6 个以内)(感知集合) …………………… 294

116. 认识数字(数概念)(10 以内基数概念) …………………… 296

117. 5 以内加减法(数的运算) …………………… 298

118. 平均分饼干(数的运算) …………………… 299

119. 认识 1 元钱(数的运算) …………………… 301

120. 玩数字牌（量与量的配对）（感知集合） …………… 303

121. 单双数和相邻数（10以内基数概念） …………… 304

122. 认识10以内的序数（10以内序数概念） …………… 306

123. 我今年＿＿岁了！（数的运算） …………………… 308

124. 我会做加法（数的运算） …………………………… 309

125. 0—9找朋友（10以内基数概念） …………………… 311

126. 玩数字牌2（量与数字的配对）（感知集合） …… 313

第四部分　资源推荐 …………………………………… 315

一　推荐儿童书 ………………………………………… 316

二　推荐家长书目 ……………………………………… 317

三　推荐app …………………………………………… 319

四　推荐网站 …………………………………………… 320

参考文献 …………………………………………………… 322

第一部分

一起来了解儿童的认知能力

一　什么是认知能力？

认知能力是我们认识外部世界的一种能力，包括能感觉到外在的人、事、物，能认出这些事物都是什么，能学会各种知识和技能，能解决各种问题等。认知能力是一项综合并且基础的能力，我们的日常生活和学习都离不开认知能力，因此，认知能力对儿童的发展十分重要。

二 儿童的认知能力包括了哪些?

一般来说,儿童的认知能力包括感知觉能力、注意力、记忆力、问题解决能力以及推理能力等。

专栏1-1

如何认识各项认知能力?

现代心理学之父奈瑟在第一部专门系统研讨认知活动的著作《认知心理学》中强调指出,认知指的是感觉输入的转换、简化、储存、恢复和运用的所有过程。认知活动涵盖的范围非常广泛:信息检测、模式识别、注意、记忆、学习策略、知识表征、概念形成、问题解决、言语和认知发展等。

感知觉是人们认识世界的基础,其中感觉是经由各个感觉器官传递产生的,没有经过整合的信息,而知觉是有组织的,对感觉到的信息进行了整合并赋予了意义。一般来说,知觉在感觉之后,但在时间上,知觉和感觉过程经常是重叠的。

注意还包括共同注意。共同注意，有时候也叫做联合注意，是指个体追随另一个个体的注意而使得两个人共同注意同一个物体的过程。记忆是人们对于过去经验的保存和再现，记忆的基本过程包括识记、保持和回忆或再认，记忆的重要性不言而喻，如果没有记忆，那人们就无法保持感知到的信息，也无法学习和思考。

思维能力是人们认知能力一个重要体现，是认知活动的高级阶段，其中问题解决能力和推理能力是思维能力的重要组成部分。问题解决是由一定问题情境引起的，经过一系列有目标指向性的操作来帮助解决问题的过程，而推理是指根据具体的事物归纳出一般规律或根据已有知识推论出新结论的思维活动过程。

如果您想继续了解有关认知能力的内容，请您继续阅读：

邵志芳.认知心理学[M].上海：上海教育出版社，2006.

Williams J.H., Waiter G.D., Perra O., Perret D.I., Whiten A. AnfMRI study of joint attention experience. NeuroImage, 2005, 25:133-140.

梁宁建主编.心理学导论[M].上海：上海教育出版社，2006.

三 认知能力如何体现在日常生活中？

我们生活中的每一项活动都需要认知能力的参与，比如，儿童看到花草树木，能够认识到物体有不同的形状；儿童开始认识父母、朋友，指出照片中的爸爸妈妈，记住一些事情而忘记另一些事情，学会唱儿歌和讲故事；儿童能够认出镜子中的自己，知道什么东西是自己的，也渐渐能够表达自己的开心、愧疚、不好意思等情绪；儿童慢慢地学会说话，学会数数，学习各种文化知识，学会下棋和玩游戏，学会解决生活中的小问题，遇到困难也会向他人求助等，儿童在生活中的各种活动都体现了儿童已有的认知能力水平。

四 注意力到底是什么？

面对世界万物，我们总是在注意了一些东西的同时忽略了另一些东西，那些被注意的东西可以被我们识别和记住，从而促进我们进一步地学习，这个过程就是注意的过程。心理学上认为，注意是人们心理活动的一种积极的状态，是指人的心理活动对一定事物的指向和集中。[①]

注意在儿童的认知过程中扮演着重要的角色，因为生活中的每一项活动几乎都需要注意的参与，因此，注意不是一个独立的过程，而是参与到感知觉、记忆、问题解决等认知过程中，[②]比如，婴儿的视线会随着玩具的移动而移动，这就是婴儿的视觉和注意共同作用的结果。

我们常说的注意力一般是指那些良好的注意品质，比如适当的注意范围、一定的维持注意的时间、善于分配和主动转移注意的能力。[③]

[①] 邵志芳.认知心理学[M].上海：上海教育出版社，2006：39.
[②] Frith. U. 1989 Autism: Explaining the enigma. British Journal of Developmental Psychology. 200321(3): 465-468.
[③] 梁宁建主编.心理学导论[M].上海：上海教育出版社，2006：103.

五 自闭谱系障碍儿童的认知特点有哪些?

自闭谱系障碍儿童在认知方面既有与普通儿童一致的地方,但也有其独特的地方。

自闭谱系障碍儿童在感知觉方面的独特性在感觉运动部分已进行介绍,此处便不再赘述。

(1) 存在认知偏向

在电影《自闭历程》(图 1-1 为该电影海报)中,女主角天宝·葛兰汀就曾坦言,她每次都是在大脑中呈现一幅图片来进行思考的。

图 1-1

许多研究均表明,自闭症谱系障碍儿童更倾向于利用视觉信息来学习,与普通儿童不同,他们对视觉信息的注意力多于听觉信息。自闭症谱系障碍儿童可能是以"视觉—空间"方式进行思考,而不是以词汇进行思考的。① 而在记忆方面,自闭症谱系障碍儿童视觉记忆能力也较强。所以在游戏或干预过程中,家长可以多使用图片或是视频等形式,有利于儿童的学习。

(2) 先局部,后整体

自闭症谱系障碍儿童认识物体的顺序可能和普通儿童有所不同,他们感知事物时,注意力会长时间停留在某个细节上,因此,他们对于细节的记忆能力较强,而对于整体的理解能力就较弱。有些自闭症谱系障碍儿童会遵循先局部,后整体的顺序。② 比如,在呈现一幅超市购物的图画(如图1-2)时,他们可能会先注意图片角落处的商品,而不是图片中间的人物。因此,在游戏中需要引导儿童如何注意到事物的整体,比如,拼图游戏就可以引导儿童更多地关注事物的整体特征。

图 1-2

---

① 曹漱芹,方俊明.自闭症儿童汉语词汇语义加工和图片语义加工的实验研究[J].中国特殊教育,2010,(10):57-61.

② 马玉,王立新,魏柳青,冯晴,张学民.自闭症者的视觉认知障碍及其神经机制[J].中国特殊教育,2011,(4):60.

专栏 1-2

自闭症谱系障碍儿童注意力方面的特点

1. 注意广度：有研究者指出，自闭症儿童注意广度狭窄，只注意感兴趣的信息，而对其他信息置若罔闻，而且更容易集中于细节处而忽略整体。

2. 注意转移和稳定性：自闭谱系障碍儿童在注意转移方面存在显著困难，自闭儿童会长时间专注于自己喜欢的东西上，所以自闭症儿童常常坚持自己喜欢的活动，很难进行活动的转移，而对于不喜欢的事物，其注意力则很难维持。

3. 共同注意：也叫成联合注意，是指儿童追随成人或其他个体的注意而使得两个人，比如大人和孩子，一起注意同一物体的过程。一般情况下，通过家长或是孩子的指点或是语言，孩子和家长可以注意到同一样事物，但自闭症儿童很少回应或是主动发起这样的行为。

如果您想继续了解相关内容，您可以查阅：

Courchesne, Eric; Townsend, Jeanne; Akshoomoff, Natacha A.; Saitoh, Osamu; Yeung-Courchesne, Rachel; Lincoln, Alan J.; James, Hector E.; Haas, Richard H.; Schreibman, Laura; Lau, Lily. A new finding: Impairment in shifting attention in autistic and cerebellar patients. Behavioral Neuroscience, 1994, 108(5), 848-865.

周念丽. 自闭症幼儿社会认知实验及干预绩效研究[D]. 上海：华东师范大学 2003 年博士论文.

自闭症谱系障碍儿童记忆方面的特点

1. 机械记忆优势明显：许多自闭症儿童对数字、文字符号等内容的机械记忆很好，如能背很多诗词、万年历、列车时刻表等，但他们很多时候并不能理解这些内容的含义。

2. 视觉记忆能力较强：自闭症儿童视觉记忆能力较强，对非言语材料识记情况很好，有时对于家里物品的摆放了如指掌，稍微有所改变就能发现。

3. 语义记忆：有研究者提出，可能由于自闭谱系障碍儿童对于词汇的含义理解程度较弱，所以自闭症儿童倾向于按词汇的顺序回忆，而普通儿童则倾向于回忆出那些有语义联系的词，比如"美丽"和"花"。

4. 情景记忆：自闭谱系障碍儿童对于自身经历的记忆能力也较弱，比如，自闭症儿童外出游玩回来，问他/她今玩了什么或是开不开心时，他/她们经常没有反应，好像没有发生此事一样。

5. 工作记忆：工作记忆是一个负责同时进行信息加工和储存的系统，它将调控儿童当前的认知活动。有研究发现自闭症谱系障碍儿童在计划、控制、抑制等方面存在问题，随着任务复杂性的增加，他们的工作记忆会出现缺陷。

如果您想继续了解相关内容,您可以查阅:

Hermelin B, O'Connor N. Remembering words by psychotic and subnormal children. Brith Journal of Psychology. 1967,58:213-218.

Benetto L., Pennington B. F., &Rogers S. J. Intactandimpaired memory functions in autism[J]. Child Development, 1996:67.

Dawson G., Meltzoff A., Osterling J., Rinaldi J., & Brown E. Children with autism fail to orient to naturally occurring social stimuli[J]. Journal of Autism and Developmental Disorders, 1998:28.

杨娟,周世杰,张拉艳,丁宇,张刚.自闭症儿童执行功能的研究[J].中国临床心理学杂志,2006,14(5): 475-471.

> **专栏1-4**
>
> ### 自闭症谱系障碍儿童思维方面的特点
>
> 1. 概念形成方面：有研究发现自闭症谱系障碍儿童对于事物的抽象能力和理解能力较弱，即使是高功能的自闭症儿童也较难以从同类事物中发现事物的共同特征。
>
> 2. 推理方面：自闭症儿童的判断、推理能力非常贫弱，很难根据已知的信息进行推理，比如，不能根据情境推理出为什么妈妈会生气。
>
> 3. 问题解决方面：在解决问题时，自闭症儿童会出现计划能力和自我监控不足，而且也不能及时从当前的问题情境中抽离出来进入下一个问题。
>
> 如果您想继续了解相关内容，您可以查阅：
>
> Minshew N. J., Meyer J., Goldstein G. Abstract reasoning in autism: A dissociation between concept formation and concept identificaiton. Neuropsychology, 2002, 16 (3): 327-334.
>
> 徐光兴. 自闭症儿童认知发展与语言获得理论研究综述[J]. 华东师范大学学报：教育科学版, 1999, 3: 56-58.

| 第一部分 | 一起来了解儿童的认知能力

  自闭谱系障碍儿童有很多是天才吗？
高功能自闭症又指的是什么？

图 1-3

《雨人》(图 1-3 为该片海报)这部电影中，雷蒙(自闭症患者)有着惊人的记忆能力，并利用这个能力帮助弟弟查理在赌场上大赚一笔。也有人分析推断爱因斯坦是阿斯伯格症(自闭症谱系障碍中的一类)。而在现实生活中，的确有一些自闭症患者有着惊人的记忆能力、计算能力或者艺术能力，那自闭谱系障碍儿童中真的有很多天才吗？

一般来说，将智商分数高于 70 的自闭谱系障碍儿童称为高功能自闭症儿童，他们在认知能力方面接近普通儿童。这部分高功能自闭症儿童仅占典型自闭症儿童中的一小部分，大部分典型自闭症儿童均伴随着智力障碍，而大部分阿斯伯格症儿童认知能力与普通儿童类似。

自闭谱系障碍儿童常常会出现能力的"热岛"现象，所以我们必须看到自闭症儿童认知能力往往存在优势能力和劣势能力并存的情况。在感知觉方面,有时候他/她们能发现很细小的信息,但是有时对很强大的信息却置若罔闻;注意力方面也是敏感和迟钝同时存在,过度选择与无视刺激兼而有之,其注意力有时过于分散,有时又难以转移;记忆方面,机械记忆和视觉记忆强大,但语义记忆,情景记忆较差。[1][2] 所以,在认知能力干预中,我们应该合理看待儿童的认知优势和不足,利用儿童的认知优势进行训练并促进儿童其他认知能力的发展。

---

[1] 周念丽.自闭症儿童认知发展研究的回溯与探索[J].中国特殊教育,2002,(1):60-64.
[2] Frith. U. 1989 Autism: Explaining the enigma. British Journal of Developmental Psychology. 200321(3): 465-468.

说谎也是一种能力吗？什么是儿童心理理论？

曾经有心理学家做过一个实验，在大房间里放着一只装有兔子的笼子，同时也放着玩具、糖果和画册。实验中，心理学家告诉儿童自己要离开几分钟并嘱咐儿童照看好兔子。一开始儿童能很好地照看兔子，但几分钟后一些儿童会禁受不住玩具和糖果的诱惑而忘记照看兔子。而实验人员会通过单向玻璃观察到儿童的这一行为。实验结束后，实验者会问儿童有没有一直照看兔子？有些儿童会承认自己刚刚玩了玩具，而有些儿童会说谎。

在我们批评儿童说谎之前，我们要想一想儿童为什么能够说谎？是因为他们知道，实验人员离开房间后是不知道自己到底干了些什么的。所以，这些儿童是通过推理预知了成人的想法才做出了这样的行为。而这种能力并不是儿童生来就有的，一般3岁以后的儿童才会发展出这样的能力。

而这种对他人心理状态的理解就是儿童的心理理论。儿童的心理理论是一种儿童能对他人进行理解的能力，包括理解他人有自己的信念、欲望和兴趣，并且能够推知他人的心理状态并预测他人

发展自闭谱系障碍儿童的认知能力

的行为。① 相比普通儿童,自闭谱系障碍儿童在心理理论方面的能力较弱,他们难以理解别人的心理状态,因此,有研究者提出心理理论缺损理论来解释自闭症谱系障碍儿童在想象、交流和社会化方面的障碍。② 比如,他们不理解他人的心理状态,所以很难做出适当的社交行为,或是难以理解他人在假装游戏中对于玩具的态度等。③ 而且,心理理论缺损理论也具有重要的实践价值,家长和干预者可以根据此理论设计自闭症儿童早期的鉴别量表并针对自闭症儿童存在的心理理论缺陷提供适当的干预。④⑤

专栏1-5

心理理论实验介绍

拜伦-科恩(Baron-Cohen)关于自闭症儿童心理理论的经典实验:

莎丽和安妮的木偶剧,为心理理论缺损理论提供了支持。木偶剧中,莎丽先出场,将一个玩具藏在一个盒子里,然后退场。

---

① 桑标主编.当代儿童发展心理学[M].上海:上海教育出版社,2003:152.
② 周念丽.自闭症儿童认知发展研究的回溯与探索[J].中国特殊教育,2002,(1):60-64.
③ Hobson R. P. Autism and the development of mind. New York: Grune and Stratton, 1993. 159-163.
④ 邓赐平,刘明.自闭症的认知神经发展研究:回顾与展望[J].华东师范大学学报:教育科学版,2004,22(3):56-61.
⑤ Baron-Cohen, S. Allen, J. & Gillberg, C. Can Autism be detected at 18 month? The Needed, the Haystack, and the CHAT. British Joutnal of Psychiatry,1992,161:839-843.

安妮在一旁看见了这个过程，随后安妮上场，将玩具转移到另一个盒子中，然后退场。最后，莎丽出场，实验者问被试，莎丽将先到哪个盒子中找玩具？

实验被试为智力水平（智力年龄平均为4岁）接近的普通儿童、智力障碍儿童和自闭症儿童。普通儿童和智力障碍儿童大多数会选择莎丽去之前自己藏玩具的盒子中寻找玩具，表明这些儿童能理解莎丽的心理状态并正确预测莎丽的行为，即她并不知道玩具被安妮转移了，所以要去原先自己藏玩具的盒子中寻找。而75%的自闭症儿童则认为莎丽先去安妮藏玩具的盒子中寻找，由此表明自闭症儿童并不理解莎丽的心理状态，从而错误预测她的行为。自闭症儿童错误地以为莎丽和自己一样知道玩具已经被转移了。此实验证明，自闭症儿童对游戏中人物的心理状态和行为、对事物背后的因果关系不能理解，只能用一种表面的机械的现实去替代他人内心状态的理解，因此，自闭症儿童存在着心理理论缺损。

如果您想继续了解相关内容，您可以阅读：

Baron-Cohen S.: The autistic child's theory of mind: A case of specific developmental delay. Journal of Child Psychology and Psychiatry, 1989, 30: 258-297.

发展自闭谱系障碍儿童的认知能力

八 为什么自闭谱系障碍儿童不爱玩过家家?

"过家家"是儿童非常喜欢的游戏之一,儿童喜欢在游戏中扮演各种的角色:妈妈、厨师、理发师、消防员等。但通常来说自闭症谱系障碍儿童却很少玩这类游戏。

儿童的游戏类型会随着儿童能力的发展而变化,从最初的练习游戏、排序游戏发展到建构游戏、功能游戏和象征性游戏。"过家家"是象征性游戏的一种,是需要儿童通过想象假装某物体是另一个物体,比如用积木当做小床;或是假装它具有某种功能,比如,用厨房玩具做饭;或者假装存在某物品,比如假装杯子里有水。在象征性游戏中,儿童需要发挥想象能力,想象自己在某个情境中进行游戏。但自闭症谱系障碍儿童可能由于元表征能力、心理理论缺损、执行功能的障碍等原因导致了他们很难出现象征性游戏。但也有研究者通过实验证明,通过适当的引导和提示,也能够提升自闭症谱系障碍儿童的游戏水平,引发出一些象征性游戏。[1][2]

---

[1] 王宇琛.自闭症儿童假装游戏实验研究[D].上海:华东师大.硕士论文.2011:2.

[2] Michelle Flippin and Linda R. Watson. Relationships between the responsiveness of fathers and mothers and the object play skills of children with autism Spectrum Disorders, Journal of Early Intervention 2011 33:220.

九 为什么自闭谱系障碍儿童总是充耳不闻,视而不见的样子?

在日本电视剧《与光同行》(图 1-4 为该剧剧照)中有一个情节,光(自闭谱系障碍儿童)在 1 岁时对于爸爸妈妈的呼喊还没有任何反应,但是经过医院的各项检查,光的听觉没有任何问题。

图 1-4

许多自闭症儿童常常会出现类似于电视剧中的情境,家长可能一开始都会怀疑他们存在听觉或是视觉方面的障碍,其实他们的听觉和视觉功能没有问题,但却总是充耳不闻、视而不见的样子。心理学家通过研究指出,可能是由于自闭症儿童的执行功能的缺损或者弱的中央统和能力,导致自闭症儿童兴趣狭窄并且注意转移能力较差,一旦他们在进行一项很喜欢的活动,他们的注意力就很难被转移,也就会表现出仿佛听不见其他声音,也看不见其他事物。①

---

① Harris P. Pretending and planning. Understanding other minds: Perspectives from autism. London: Oxford University Press, 1993. 228-246.

为什么自闭谱系障碍儿童总是出现刻板行为？

自闭谱系障碍儿童总是会出现一些刻板行为，一般刻板行为可以分为四类：(1) 身体运动的刻板，比如摇头、拍手等；(2) 语言的刻板重复；(3) 兴趣爱好的刻板，比如特别喜欢某个玩具、玩水；(4) 坚持固定的行为，比如坚持某个做事的流程。[1] 而执行功能缺损理论可以对自闭症谱系障碍儿童的重复刻板行为做出很好的解释，因为执行功能的缺陷将限制自闭症儿童在计划、工作记忆、冲动控制、行为发起和控制等方面的能力。因此，自闭症儿童在新行为的发起、行为的监控和反馈方面存在异常，所以某些行为会反复出现。而且由于执行功能的限制，自闭谱系障碍儿童较难将自己的注意力从玩具本身移开，所以无法把眼前的玩具假装成另一个东西再进行游戏，所以自闭症儿童难以进行假装游戏。[2]

---

[1] 林云强,赵斌,张福娟.自闭症儿童刻板行为的分析及干预策略探讨[J],中国儿童保健杂志,2011,19(5):441-443.

[2] Harris P. Pretending and planning. Understanding other minds: Perspectives from autism. London: Oxford University Press,1993. 228-246.

专栏1-6

什么是执行功能？

执行功能是个体进行问题解决时所必备的一组神经心理技能，涵盖一系列广泛的高级认知过程，包括在一系列行为之前的计划，目标行为的设计和启动，抑制不良行为，对行为进行监控和反馈，新行为的产生以及注意过程的灵活控制等。因此，执行功能是一种复杂的认知结构。而执行功能障碍是指个体在执行某一认知任务过程中遇到的障碍。

有研究表明，自闭症者即使是高功能自闭症者在计划、组织、注意的转移和维持等方面均存在问题。许多研究者使用威斯康星卡片分类测验、汉诺塔任务和监控测验，发现执行功能缺陷可能是自闭症儿童的核心障碍，表现为模式转换和计划的缺陷，比如自闭症儿童更多地使用固执的策略、工作记忆水平较低等。

如果您想继续了解有关自闭症谱系障碍儿童执行功能的相关内容，您可以阅读：

Hughes, C. Russell, J. & Robobins, T. Evidence for Executive Dysfunction in Autsim. Neuropsychologia. 1994, 32: 477-492.

王立新,彭聃龄,王培梅.自闭症认知缺陷的神经机制研究进展[M].中国特殊教育,2003,(3):76-79.

周念丽.自闭症谱系障碍儿童的发展与教育[M].北京:北京大学出版社,2011:23-34.

十一　为什么自闭谱系障碍儿童更关注细节？

在日常生活中我们常常会发现自闭谱系障碍儿童很多都更偏爱细节,他们会关注一幅图片的某个角落上,大人衣服上的某个细小的花纹,同时他们往往说不出一幅图或是一个故事的主要内容,而这些现象体现出自闭症谱系障碍儿童注重局部加工的认知特点,而心理学家们通过弱的中央统和理论对此进行解释。

专栏1-7

什么是中央统合功能？

认知加工过程中,人们倾向于对整体进行加工,并且这种倾向是固有的,所以,在信息不完整的时候,人们会使用各种途径把尽可能多的信息概括集中在一起,形成一个"完整"的整体再进行认知加工,这个过程就是中央统合。而且这样的统合过程是自动化的,从而帮

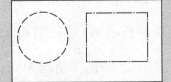

图1-5

助我们快速地对外界事物进行加工。就像上图中的2个图形，我们都更倾向于认为左边的是圆形而右边的是长方形，而把这2个图形补充完整的过程就是中央统合过程。

如果您想了解更多关于"中央统合功能"，请您阅读：

Morgan B., Mayberry M., Durkin K. Weak central coherence, poor joint attention and low verbal ability: Independent deficits in early Autism. Developmental Psychology, 2003, 39(4):646-656.

Joliffe T., Baron-Cohen S. A test of central coherence theory: Can adults with high-Functioning Autism or Asperser Syndrome integrate fragments of an object? Cognitive Neuropsychiatry, 2001, 6:193-216.

自闭症儿童脑部负责独立加工信息的部分可能功能正常，但主管信息资源整合的中央系统存在功能异常，即负责统合功能的额叶区不能与其他脑区正常地联结，[①]导致了他们不能像普通儿童那样对事物进行整体加工，而只能对单个的信息进行处理，这样就可以解释为什么他们对于有意义的词串和随机的词串的记忆情况相同；

---

① Joseph RM. Neuropsychological Frameworks for Understanding Autism. International Reviews of Psychiatry, 1999, 11:309-325.

为什么在阅读文章时,他们不能抽取段落大意;为什么他们在看图片时很少受到图片背景的影响,很少出现错觉,这些都是因为他们没有办法对整体的信息进行加工,他们也很难对事物形成整体的理解。[①]

---

① Happe F. Studying weak central coherence at low levels: children with autism do not succumb to visual illusions. A research note. Journal of Children Psychology and Psychiatry. 1996,37(7): 837-877.

十二 常用的促进自闭谱系障碍儿童认知发展的干预方法有哪些？

针对自闭谱系障碍儿童认知发展的干预方法较多，目前使用较多的有：游戏疗法、音乐疗法、认知发展疗法、感觉统合疗法、地板时光疗法等。

（1）游戏疗法

游戏疗法是指在安全、自由的环境下，治疗者陪伴儿童利用游戏材料进行游戏或者儿童与其他人在治疗的情境中进行游戏的治疗方法，包括积木游戏、箱庭游戏、水戏、玩黏土、乱画游戏、装扮游戏等，游戏治疗的主要形式有单独游戏、指导性合作游戏、同伴游戏等。[1] 针对自闭症谱系障碍儿童认知发展的常用游戏包括假装游戏、箱庭游戏等，有研究表明通过箱庭游戏可以增加自闭症儿童与他人的眼神接触频率、主动与人沟通的次数并减少刻板行为，[2] 而通过假装游戏可以提高普通儿童的想象能力、象征能力并促进言语技能和社会性发展，[3] 而这些能力均是自闭症谱系障碍儿童的薄弱之处。

---

[1] Kathy E., Janek D., Art therapy with children on the autistic spectrum. London: Jessica Kingsley Publishers Ltd, 2001: 1.

[2] 邱学青. 孤独症儿童游戏治疗的个案研究[J]. 学前教育研究, 2001, (1): 36-37.

[3] W. Georeg Scarlett, Sophie Naudeau, Dorothy Salonius-Pasternak, Iris Ponte 著. 儿童游戏——在游戏中成长[M]. 谭晨译. 北京：中国轻工业出版社, 2008, 53-73.

(2) 音乐疗法

近年来,音乐治疗渐渐成为自闭症儿童干预的新途径,使用音乐作为表达方式给自闭症儿童提供了一种非语言或者前语言的互动模式,这为普遍存在语言困难的自闭症儿童建立了新的交流互动,而且可以调动自闭症儿童对交流的积极情绪。[1]

音乐治疗是通过音乐对自闭症儿童进行一些感知觉方面的干预,一些研究发现通过音乐治疗,自闭症儿童感知觉和注意方面有一定的发展,尤其是儿童听觉方面的感知和注意。许多研究都表明音乐治疗对自闭症儿童认知能力的发展有一定作用,自闭症儿童注意力的维持时间增加,与他人的视线接触频率增加,感知异常的情况也有一定的改善。[2][3][4]

此外,自闭症儿童很多是视觉优势的,对于听觉信息很容易忽略,所以通过音乐治疗可以改善这方面的感知能力。因此,在早期通过音乐治疗可以改善自闭症儿童较低级的认知功能,比如,对自闭症儿童的听觉异常有一定的改善作用。但音乐治疗需要专业人员实施,对治疗条件也有一定要求,家长难以单独实施,但可以在家

---

[1] 高天主编.音乐治疗导论[M].北京.军事医学科学出版社,2006:71-74.

[2] Reitman, M. R. Effectiveness of music therapy interventions on joint attention in children diagnosed with autism: A pilot study. Dissertation Abstracts International. 2006,66(11-B): 6315.

[3] Jinah, K., Tony, W. & Christian, G. The effects of improvisational music therapy on joint attention behaviors in autistic chidren: A randomized controlled study, Jounral of Autisim and Developmental Disorders. 2008,38: 1758-1766.

[4] 李伟亚.自闭症儿童即兴音乐治疗的理论模型探索与个案研究[D].上海:华东师大硕士论文.2005.

发展自闭谱系障碍儿童的认知能力

中放一些孩子喜欢的歌谣或儿歌,再配合图画或故事书,促进儿童听觉信息的加工能力。

(3) 认知发展疗法

认知发展疗法是根据太田阶段评估法而实施的教育实践。太田阶段评估法是针对自闭症儿童的认知发展情况创立的评估方法。使用太田阶段评估法对自闭症儿童进行评估将得到自闭症儿童的认知发展处于哪个阶段,此阶段有哪些具体表现以及下一个阶段是什么等情况。认知疗法根据太田阶段评估的结果去进行认知领域的干预。由于认知疗法目标的设定、教育内容的安排均根据自闭症儿童认知发展的顺序而来,所以它的教育内容的科学性和针对性较强,具有很大的实践意义。[1]

太田阶段评估法将自闭症儿童认知发展划分为6个阶段,阶段按照发展顺序排列,从第一个阶段"无符号表征技能阶段"到第六个阶段"概念形成以后的认知发展阶段"[2]。认知疗法针对的主要是认知发展中的感知、表征、概念形成等能力的评估,而认知发展中较为高级的推理、问题解决等并未涉及,所以,认知疗法较为适应认知发展中表征的形成和概念形成等方面的训练。

(4) 感觉统合疗法

感觉统合是指个体对通过不同感觉通路(视、听、触、嗅觉等)而

---

[1] 于晓辉,卢晓彤,张宁生.自闭症太田阶段评价法与认知发展疗法[J].辽宁师范大学学报:社会科学版,2008,31(6):64-66.

[2] 于松海,郭云,朱玲会.解读自闭症儿童认知发展评估的太田阶段法[J].毕节学院学报,2010,28(10):102-106.

来的感觉信息在脑中进行解释、联系和统一的神经心理过程,是个体进行日常生活、学习和工作的基础,而感觉统合疗法就是提高个体感觉统合能力,减少感觉统合失调对个体生活、学习的负面影响而开展的有计划的训练活动。[1]

感觉统合训练主要是针对自闭症儿童感知觉异常开展的干预,有研究表明它对自闭症儿童感知觉能力和注意能力有一定改善作用。[2][3][4] 此外,还可以进行高位感觉统合训练,即在训练过程中加入认知内容,比如儿童在网缆上摆荡时,让其进行分类任务或是背诵儿歌等。

(5)"地板时光"疗法

地板时光是一个流行的通俗名称,其学术化的术语是"基于发展,个别差异和人际关系的模式"。[5] "地板时光"疗法是一种系统的,以发展为取向,以家庭环境和人际互动为主的自闭症干预和治疗模式。[6]

"地板时光"疗法也是专门针对自闭症儿童开展的干预方法,而且此方法较为关注自闭症儿童的高级认知能力的发展。训练阶段

---

[1] 王和平.特殊儿童的感觉统合训练[M].北京:北京大学出版社,2011:2.
[2] 邓红珠等.感觉统合训练治疗儿童孤独症疗效及影响因素分析[J].临床儿科杂志,2005,23(2):110-113.
[3] 高瑛瑛等.感觉统合训练治疗儿童孤独症[J].中国临床康复.2003,7(21).
[4] 陈旭红.感觉统合治疗自闭症的疗效分析[J].中国康复医学杂志.2004,19(10):772-773.
[5] Greenspan, S. I. Children with autistic spectrum disorders: Individual differences, affect, interaction and the mechanisms of defense. Madison: International Universities Press,2000:685.
[6] 尤娜,杨广学.自闭症"地板时光"疗法(Ⅰ):关系与表达训练[J].中国特殊教育,2008,(9):35-39.

的起点较高,并未较多涉及感知觉方面的训练,一开始便是针对共同注意的训练,而到了第三阶段和第四阶段,训练更关注象征能力的发展、高级思维能力的发展,包括推理和问题解决。[①] 因此,"地板时光"疗法较适合在自闭症儿童感知觉训练完成后进行,从而有利于儿童较高级认知能力的发展。而且,"地板时光"疗法注重让家长成为主要的训练者,在家庭环境中开展训练,这有利于家长与儿童的互动,以及训练时间的保障等。

---

① 尤娜,杨广学.自闭症"地板时光"疗法(II):象征游戏和逻辑智慧[J].中国特殊教育,2008,(12):61-65.

如何选择干预方法？

现在针对自闭症儿童的干预方法非常多，不同干预方法的侧重点也有所不同，针对的认知领域的具体内容也不尽相同，有些针对的是相对低级的认知能力，比如感知觉、注意力等，有些则是针对更高级的认知能力，比如概念形成、问题解决等。所以在选择干预方法时，需要考虑儿童的认知水平、此阶段干预所针对的认知领域。比如，如果需要对自闭症儿童感知觉方面进行训练，可以选择感觉统合训练的方法；如果是较高层次的认知训练，可以选择认知疗法或"地板时光"疗法等。

此外，也需要根据儿童的年龄选择合适的方法，对于年龄小的儿童来说，游戏化的训练方式以及家庭环境、父母作为训练人员是目前所提倡的干预方式，所以建议家长选择更具生态化的干预模式，比如"地板时光"疗法、游戏疗法等。

同时，家长也可以参考研究人员的实证研究结果，选择那些经过实证研究并证明有效的干预方法。2009年美国自闭症研究中心曾组织一批自闭症研究专家，通过严格的筛选，对775篇针对自闭症儿童干预的实证研究进行分析,最终提出"已证实的干预方法""正在形成效果的干预方法"以及"尚未证实的干预方法"[1],家长也可以参考国内研究者的相关实证研究,结合儿童的具体情况选择适合并且科学有效的干预方法。

---

[1] 魏寿洪,王雁.美国循证实践在自闭症谱系障碍儿童干预中的应用及其对我国的启示.比较教育研究,2011,(6):15-19.

十四 针对自闭谱系障碍儿童有哪些有效的干预策略?

为了有效开展针对自闭症谱系障碍儿童认知领域的干预,家长和教师可以使用一些小策略。

(1) 视觉支持策略

临床观察和基础研究均表明,自闭症谱系障碍儿童对于视觉信息的注意和理解能力优于听觉信息,他们在语言的理解和运用上也会对视觉形象产生一定的依赖。[1] 而且自闭症儿童在语言能力上的发展相对落后,因此,在给自闭症谱系障碍儿童进行干预或游戏时,可以多用图片代替语言来呈现任务或是要求,利用儿童的优势能力培养他们的注意能力和理解能力,帮助他们更好地加入干预活动中。

常用的视觉支持策略有[2]:

视觉流程表:用图片呈现儿童一天或是一节课的任务(如图1-6)。

---

[1] 陈丽,曹漱芹,秦金亮.利用视觉支架式教学提升自闭症儿童语言能力的实证研究[J].幼儿教育:教育科学版,2010,(5):44-48.

[2] 曹漱芹,方俊明.自闭症谱系儿童语言干预中的"视觉支持"策略[J].中国特殊教育,2008,(5):26-31.

图 1-6

信息分享表:用图片的形式呈现某一场景或主题下可能进行的活动(如图 1-7),让儿童进行选择并与他人分享。

图 1-7

组织图:用图片的形式呈现儿童完成一项任务所需要的步骤,比如,洗手的步骤、参加婚礼的步骤(如图 1-8)等。

图 1-8

行为支持图:用图片展现某一活动需要遵守的原则,比如,餐厅吃饭需要排队、上课需要保持安静(如图 1-9)等。

当老师上课的时候,我要保持安静并注意看着老师和听老师话。

图 1-9

视觉强化图:用图片表示对儿童行为的评价(如图 1-10),比如当儿童表现出良好行为时可以出示"笑脸",而当儿童出现问题行为时可以出示"哭脸"。

图 1-10

(2) 结构化教学策略

结构化教学策略是专门针对自闭谱系障碍儿童视觉优势而开发的一套教学方案。由于自闭谱系障碍儿童适应新环境的能力弱,而且有时候对于外界环境有着刻板的要求,因此,结构化教学策略包括:

① 作息时间的结构化:制定作息时间卡,用图片或颜色标记出固定时间的固定活动。

② 工作制度化:根据儿童的能力,采用任务分析法,将活动分解为不同的步骤并制作流程图挂在墙上,有利于儿童按部就班地完成任务。

③ 视觉结构化：利用儿童的视觉优势，让教材清晰分明，有组织地指导儿童完成训练内容。

结构化教学策略给儿童呈现清晰的提示和程序，从而减少儿童的混乱，减少儿童因为沟通失误而产生的异常行为并且有利于感知觉异常的改善。同时，结构化教学策略既适合于学校环境，也适合在家庭中使用。[1][2][3]

---

[1] 方俊明主编.特殊教育学[M].北京：人民教育出版社，2005：303.
[2] 江瑞芬，杨虹，王小林，王文强.结构化教学治疗儿童孤独症的疗效[J].中国儿童保健杂志，2006，14(5)：478-480.
[3] 邹小兵，邓红珠，唐春，李健英，李巧毅，静进.以家庭为基地的短期结构化教育治疗儿童孤独症的疗效[J].中国儿童保健杂志，2005，13(2)：98-100.

第二部分

看看你的孩子的发展水平

如何发展自闭谱系障碍儿童的认知能力

儿童的认知发展既是连续的,又可以被划分为不同的阶段。每个阶段儿童会表现出他/她新掌握的技能,我们也可以通过观察、分析儿童所表现出的行为了解儿童认知能力已经达到的发展水平。在这个部分,将按照0—6岁儿童认知发展的顺序(以3个月或6个月为一个阶段),阶段性的呈现儿童在感知觉能力、自我概念、注意力与记忆力、问题解决与推理能力和数概念能力5个方面上应该掌握的技能,并推荐本书第三部分中的一些游戏,通过和儿童玩这些游戏,我们可以判断儿童是否已经掌握了这些技能,从而了解儿童已经发展到了哪一个阶段。

一 感知觉

领域	一般孩子会……	推荐活动/游戏
0~3个月	• 会看距离自己20厘米左右的物体,比如专注的看成人的脸、看成人说话、看自己的手等。 • 在妈妈喂奶时,当儿童看到或者摸到奶瓶或母亲的乳房时,儿童会停止哭泣。 • 开灯和关灯、打开和拉上窗帘,儿童会有所反应,表现出能注意到亮和暗的不同。 • 当儿童听到突发的大声响会有反应,比如,双臂快速向外伸展。 • 与陌生人的声音相比,儿童更喜欢听温柔的声音,比如妈妈的声音,并且会安静下来,头转向妈妈专注倾听。 • 当抚摸儿童后背时,儿童手掌会暂时打开。 • 当碰到儿童的脸时,儿童会自发地微笑。 • 看到某物靠近自己时,儿童会保护性地闭眼。 • 有时儿童会模仿成人的表情。	在日常生活中多观察儿童
3~6个月	• 儿童的眼睛看远看近的调节能力发育完成,开始喜欢看移动的物体,对周围也更加好奇,会东张西望,也能专注地看某物体。 • 儿童看不到人会哭,看到人会笑;哭泣时有人靠近会立即停止哭泣。	在日常生活中观察儿童

续表

领域	一般孩子会……	推荐活动/游戏
	• 儿童对光谱的感受已接近成人水平，能看出红黄蓝绿四大类色彩，所以儿童会喜欢看颜色鲜艳的物品。 • 儿童能辨认出父母的声音，更喜欢听到熟悉的人的声音。 • 儿童能区别他人说话的口气，受到批评会哭。 • 儿童能辨认出玩具，拿到玩具时会很高兴。 • 当儿童看到某物逼近自己时会有躲避反应。	
6～9个月	• 儿童看到陌生人会有怕生、害羞的反应。 • 当儿童听到脚步声逐渐接近会很兴奋。 • 让儿童座位向前或者向旁倾斜45°，儿童会伸手、张开手掌2秒，取得平衡。 • 儿童能够灵活地翻滚身体或向前向后摇晃。 • 儿童能够认识家人及家里的宠物，比如，可从照片中认出妈妈。	在日常生活中观察儿童
9～12个月	• 儿童会用手去感受东西，较少出现直接把东西放入口中的行为。 • 儿童能辨认出并回应一些简单的动作，比如回头、点头、摇头微笑。 • 儿童理解里和外的关系，能按要求把玩具放进盒子里或者拿到盒子外来。	在日常生活中观察儿童
12～15个月	• 儿童能玩大的圆形片的拼板。	玩拼板
15～18个月	• 儿童能玩大的方形的拼板。 • 儿童能用2～3块积木模仿搭椅子。 • 当方形片和圆形片同时出现时，儿童能够把它们放入对应的拼板上。	1.玩拼板 4.我是小小建筑师 1.玩拼板
18～21个月	• 儿童能玩大的三角形的拼板。	玩拼板
21～24个月	• 儿童能一起玩圆形、方形、三角形的拼板。 • 儿童能拼缺少了1块的拼图。 • 儿童能正确对三角形、圆形、正方形进行分类。	1.玩拼板 3.玩拼图 4.帮形状宝宝找家

续表

领域	一般孩子会……	推荐活动/游戏
24~30个月	● 儿童能够把圆形、方形和三角形片放入旋转了180°的拼板内。 ● 儿童能模仿搭积木火车(3块积木)。 ● 儿童能根据物体的大小进行分类。 ● 儿童能根据物体基本的颜色进行配对。 ● 儿童能根据物体的形状分类(圆形、方形、三角形)。	3. 玩拼板 2. 我是小小建筑师 5. 比大小 6. 红色去哪里了? 7. 找出一样的图形
30~36个月	● 儿童能拼缺少了2块的拼图 ● 儿童能用积木模仿建高楼(4块积木)。 ● 儿童能用积木模仿搭桥梁(5块积木)。 ● 儿童能完成有内在联系的4~5块的拼图。 ● 儿童能够按照两个纬度对物品进行分类。(比如,红色的大的圆形分一类) ● 儿童能以自我为中心辨别上下,并说出近处物体的上下位置。	3. 玩拼图 2. 我是小小建筑师 2. 我是小小建筑师 3. 玩拼图 8. 送卡片宝宝找妈妈(2个维度进行分类) 9. 看,上面有什么?
36~42个月	● 儿童能用2种颜色的2~3块积木在台子上模仿排成横排。 ● 儿童能对几何图形进行配对(图形方向不做要求)。 ● 儿童能对大写字母配对。 ● 儿童能根据逻辑关系将图片进行配对,比如,洗手帕—手帕变干净了。 ● 儿童能以生活事件形成时间知觉,即能区分一天中的重要组成部分。	10. 搭出一样的 11. 几何图形配对 12. 字母配对 13. 找出好朋友 16. 早上,我们要做什么?
42~48个月	● 儿童能用两种颜色的4~6块积木在台子上模仿排成横排。 ● 儿童能完成有内在联系8片到12片的拼图。 ● 儿童能至少对8个几何图形进行配对。 ● 儿童能根据物品(图片或实物)的功能关系进行分类 ● 儿童能把一样的数字进行配对(6和9可能出现错误)。	10. 搭出一样的 3. 玩拼图 11. 几何图形匹配 14. 找朋友 15. 数字宝宝找朋友

续表

年龄(月份)	一般孩子会……	推荐活动/游戏
	• 儿童能以自我为中心辨别前后。(方位知觉)	
48~54个月	• 儿童能用积木模仿搭建出看到的简单的模板。(6块一样的积木) • 儿童能用积木搭抽象性的东西。(6块以上的积木) • 儿童能通过选择图片,完成简单推理。比如,下雨了—小明没有带伞—小明淋湿了。 • 儿童能将小写字母配对。 • 儿童能以客体为中心区别上下前后,即判断别人的上下前后。(方位知觉)	10.搭出一样的 19.搭一个动物园吧! 13.找出好朋友 12.字母配对 24.玩具在哪里?
54~60个月	• 儿童能完成15片到25片有内在联系的拼图。 • 儿童能根据记忆,重新用积木搭出某个简单的造型。 • 儿童能确定某个物体或者图片不属于某组物体,并选出它属于哪个物体。 • 儿童能进行名字和简单的字词的配对。 • 儿童能根据自然变化辨别时间,知道早晨、中午、晚上、白天、黑夜。(时间知觉)	3.玩拼图 23.模仿搭积木 21.送图片宝宝回家(按颜色、形状、数量或功能等分类) 22.找出自己的名字

二 注意与记忆

年龄(月份)	一般孩子会……	推荐活动/游戏
0~3个月	• 儿童能够盯着物体至少3秒钟。（视觉注意） • 儿童能追着看水平移动、垂直移动以及圆周移动的玩具。（视觉注意） • 玩具或人不见了之后，儿童会一直盯着人或玩具消失的地方。（视觉注意） • 儿童熟知日常生活流程，比如，看到妈妈拿着尿布过来就知道要换尿布了，会安静下来。（视觉记忆） • 当突然出现一个声音时，儿童会保持安静，停止当前的活动。（听觉注意） • 儿童会去看发出声音的地方，用眼睛寻找声源。（听觉注意） • 平躺时，在耳边播放一个声音，能转头寻找声源或者伸手抓向声源。（听觉注意）	38.看,玩具在哪里? 39.什么没有啦? 41.接下来做什么? 42.听,什么声音? 43.找一找,声音在哪里?
3~6个月	• 儿童能把遮盖在脸上的布或照料者脸上的布拉下来。（视觉注意） • 儿童能找出被布遮住一部分的物品。（视觉注意） • 对于熟悉的游戏，在一次活动中，经过2~3次复习，儿童就能够记住游戏中经常出现的片段。（视觉记忆） • 儿童坐着时，在耳边/肩部/腰部一侧播放一个声音，儿童会转头或者伸手抓向声音。（听觉注意）	44.看不见啦?! 45.玩具在哪里? 46.接下来会发生什么? 43.找一找,声音在哪里? 47.不一样的声音

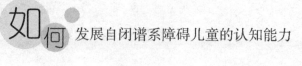

续表

年龄(月份)	一般孩子会……	推荐活动/游戏
	● 儿童能辨别新的声音,对新的声音有不同的反应。(听觉注意)	
6~9个月	● 对于熟悉的游戏,儿童在一次活动中第一次玩时就能够表现出记得这些游戏中经常出现的片段。 ● 对于熟悉的儿歌,儿童在一次活动中,经过2~3次复习就能够记住经常出现的那些声音。 ● 儿童能够将完全藏起来的物体找出来。 ● 儿童能从两个盒子中找出藏在其中一个盒子中的玩具。 ● 当从儿童身体的两侧发出两个不同的声音时,儿童能够向前或向后寻找声源或者伸手抓向任意一个声源的方向。	46. 接下来会发生什么? 49. 接话游戏 48. 我找到玩具啦! 43. 找一找,声音在哪里?
9~12个月	● 当儿童看到物品依次放入两个盒子再拿出来后,最后放在第三个盒子中,儿童最后能够找到该物品。(视觉注意) ● 儿童能够通过倒翻盒子,从两个盒子中找到藏在其中一个盒子中的物品。(视觉注意) ● 儿童能够记住几分钟之前物体的摆放位置。(视觉注意) ● 儿童能够记住熟悉的游戏中经常出现的声音。(听觉注意)	48. 我找到玩具啦! 49. 接话游戏
12~15个月	● 当坐在照料者腿上看书时,儿童能将注意力集中在画书上保持至少5分钟,会通过轻拍图书或其他方式表示自己对什么有兴趣。(视觉注意) ● 当熟悉的游戏有所变化时或者玩具没有像往常那样工作时,儿童会有所反应。(视觉注意) ● 当视线以外的物品发出声音时,儿童能积极地寻找声源。(听觉注意)	50. 一起来看书 51. 怎么不一样了?

续表

年龄(月份)	一般孩子会……	推荐活动/游戏
15~18个月	● 在没有看到物品被藏在哪个盒子中的情况下,儿童能够在两个盒子/三个盒子中找到被藏起来的玩具(有顺序地寻找)。 ● 儿童能够辨认出熟悉的玩具/人/地点(特别是家庭成员、平时的照料者)。 ● 儿童能辨认出一些熟悉的声音。 ● 儿童能够将实物或者图片与相应的声音进行匹配。	52. 我会找东西 53. 发现新玩具 54. 听,是谁的声音? 55. 我来当小猫
18~21个月	● 儿童能辨认出自己和他人的玩具、衣服,即明白物品的归属。 ● 儿童能记住物品常见的摆放位置,比如能把自己的玩具从通常摆放的位置上拿出来。 ● 在要求下(手势或者语言),儿童能把日常用品或者教室用具从常见的位置上拿出来。 ● 儿童能把物品放回到常见的位置上,也能够发现物品不在正确的位置上。 ● 儿童能够注意力集中地听故事,重复里面单词和(或者)声音。 ● 儿童能将物体和它的声音进行配对。	56. 拿玩具与送玩具回家 57. 模仿故事里的声音 58. 猜猜是什么发出了声音?
21~24个月	● 儿童能辨认出10种声音。 ● 儿童能记住儿歌或者歌曲的一部分。	58. 猜猜是什么发出了声音
24~30个月	● 成人把玩具藏在一只手里,儿童知道玩具不在左手里,就在右手里。 ● 儿童能辨认出一些书的封面,用自己的话描述这本书是关于什么的。 ● 儿童能辨认出熟悉的符号(餐厅的标志、交通信号灯、停止的标志、商品的标签等)。 ● 儿童能够辨认出短暂出现的三个物品或者图片中的一个。 ● 儿童能参与唱儿歌(重复儿歌中的部分)。 ● 儿童能够和一位大人一起说2首以上儿歌或者2首以上的歌曲。	60. 猜猜玩具在哪只手里? 61. 我喜欢的书 62. 我认识的标志 63. 寻找双胞胎

续表

年龄(月份)	一般孩子会……	推荐活动/游戏
30~36个月	• 儿童能够记住并辨认出刚刚短暂出现过,后来藏起来的四个物品或者图片中的一个。 • 儿童能记得偶尔发生的事情,比如出去玩。 • 儿童能独立说或者表演儿歌或歌曲的一部分。 • 如果熟悉的儿歌、歌曲或者故事有所改变,儿童能有所注意并有所察觉。	64. 哪一个不见了? 65. 我记得…… 66. 儿歌怎么变了?
36~42个月	• 儿童能记住并说出刚刚出现过,后来被藏起来的4个以上物品或图片的名字。 • 儿童能完整演唱熟悉的儿童或歌曲中的1句。 • 儿童能唱或者念一首歌曲或儿歌的4~6句。	67. 刚刚看见过的是?
42~48个月	• 儿童能通过视觉记忆来描述一下熟悉物品的特征。 • 儿童能唱或者念出长约10~15句的儿歌(有几句儿童可能是重复的)。 • 儿童在没有提示下能复述刚刚听到的不熟悉的故事中的1~2个重要部分。	在日常生活中多观察儿童
48~54个月	• 儿童能在4~6幅图片中找到刚刚看过的2幅。 • 儿童在短暂看过某物或图片后,能从一些图片和物品中找出和它颜色和形状一样的2个物品。 • 儿童能描述过去发生的事件,比如昨天,上个星期。 • 儿童在没有提示的情况下,能复述刚刚听到的新故事中的4个片段。 • 儿童能辨认一首熟悉的歌曲的旋律。比如,说出歌曲的名字。	在日常生活中多观察儿童

续表

年龄(月份)	一般孩子会……	推荐活动/游戏
54~60个月	● 儿童能在 10~12 幅图片中找出刚刚看过的 3 幅。 ● 儿童能记得刚刚短暂出现的图片的所在位置。 ● 儿童能找到隐藏的图片(图片的部分被遮挡)。 ● 在出示 18~20 幅图片后,儿童能够说出 8~10 幅图片中的物品。 ● 儿童能够复述一个刚刚读过的不熟悉的故事中大多数主要的片段。 ● 没有图片的帮助下,儿童能讲 2 个熟悉的故事,包括所有重要情节。	68. 图片翻翻看

如何 发展自闭谱系障碍儿童的认知能力

  数概念

年龄（月份）	一般孩子会……	推荐活动/游戏
21～24 个月	● 儿童能够理解"更多"的含义就是在原本基础上加上一些。	106. 比多少
24～30 个月	● 儿童会选择"仅仅 1 个"。 ● 儿童能正确唱数 1～10。 ● 当被要求数数时，儿童能按照正确的顺序指出或者复述出至少三个数字。	107. 我要"一个" 108. 唱数 1～10 109. 数 3 个数
30～36 个月	● 当出示 1 个和 2 个物品时，儿童能正确回答出"有 1 个/2 个"。 ● 儿童能按要求给出 2 或者 3 个物品。 ● 儿童能理解"全部"，"全都不"和"没有一个"的含义。	110. 一共有几个？ 111. 给我 2 个娃娃 112. 说一说
36～42 个月	● 当要求数数时，儿童能按照 1，2，3 数下去。（到 3 为止） ● 儿童能够理解"再多给一个"。 ● 儿童能比较两堆物品的数量并说出哪一堆多。 ● 儿童能进行量与量的配对，找到含有一样多数量的图片（物品排列方式相同/不同）（数量在 2—5 之间）。	113. 三只小鸭子 114. 哪一个多？ 115. 一样多
42～48 个月	● 儿童能手口一致地数排成一排的 6 个物品。 ● 儿童能手口一致地数排成一排的 10 个物品，并且能按数取物或者按物说数。	

续表

年龄(月份)	一般孩子会……	推荐活动/游戏
	● 当问儿童"一共有几个XX"时,儿童不用再数一次就能直接说出总量(总数量超过4个)。 ● 儿童能通过数数来回答:"一共有多少个"(10以内),而且会否认被提及的其他错误的数字。 ● 儿童会自发地用一些表示总量的词,比如,一些、许多、大多数、全部、很少。 ● 儿童能正确认读和书写10以内的阿拉伯数字。 ● 儿童能够进行5以内实物的加减。	112. 说一说 116. 认识数字 117. 5以内加减法
48~54个月	● 儿童能辨别出同样多的两堆物品并且能够将物品平均分。 ● 儿童能够区分硬币。 ● 儿童能正确数数到20。 ● 儿童能按照纸牌或者骰子的数量进行配对。 ● 儿童能认识10以内数的单双数和相邻数。 ● 儿童能认识10以内的序数。	118. 平均分饼干 119. 认识1元钱 120. 玩数字牌1 121. 单双数和相邻数 122. 认识10以内的序数
54~60个月	● 儿童能说出物体的总数。(物品数量为4~10个)。 ● 儿童能正确告诉别人自己今年的年龄、去年的年龄和明年的年龄。 ● 儿童会做加法,加2一直到加10。 ● 儿童能辨认数字0—9。 ● 儿童能完成数字和数量配对(总数为4个以下) ● 儿童能正确点数20以内的物体,并能按数取物或者按物取数。 ● 儿童能正确认读并书写20以内的阿拉伯数字。 ● 儿童能认识20以内的单双数及相邻数。	123. 我今年____岁了! 124. 我会做加法 125. 0—9找朋友 126. 玩数字牌2

四 问题解决与推理

年龄(月份)	一般孩子会……	推荐活动/游戏
0~3个月	• 面对2样东西时,儿童能够将身体或眼睛转向更喜欢的东西,表现出已经能够将注意力从一个物体转移到另一个物体上。 • 当用玩具碰儿童手或脚时,儿童会看向玩具或伸手抓。 • 儿童重复那些会产生有趣结果的行为,比如,摇动手臂来让小铃铛响。	69. 咦,新的玩具? 70. 我碰到了什么? 71. 让玩具动起来
3~6个月	• 儿童会玩放在自己手里的玩具。 • 儿童会坚持玩某玩具,或是坚持要某样东西,如一直捏玩具而让玩具发出声音。 • 儿童能重复那些引起他人有趣的反应的行为,比如会做鬼脸。	72. 会玩手里的玩具 73. 努力拿到喜欢的玩具 74. 做鬼脸
6~9个月	• 儿童能看向或者伸手抓向从视线中掉落并且发出声音/不会发出声音的物体。 • 当物体掉落或者滚到或者弹到一个新的位置,儿童能够看着物体滚动或者朝物体的方向移动。 • 儿童能越过障碍获得玩具,比如拿走遮盖物/钻到桌子下面。 • 儿童会玩一些需要操作的玩具,比如按按钮让玩具发出声音或者亮光,或用一个玩具敲打另一个玩具	75. 咚!东西掉到哪里去了? 76. 东西去哪儿了? 77. 我要拿到玩具 78. 我会玩出多种花样!

续表

年龄(月份)	一般孩子会……	推荐活动/游戏
9~12个月	● 在玩具停止工作时,儿童能够有所反应,比如增加操作玩具的频率,或者尝试其他操作让玩具恢复工作。 ● 当玩具通过容器上方的洞掉入容器中时,儿童能够找回玩具。	79. 修理玩具 80. 扔进去和拿出来
12~15个月	● 儿童能从一个障碍的后面直接拿到玩具。 ● 儿童能通过拉绳子来得到障碍后的物品。 ● 儿童能绕过障碍来拿到物品。	81. 玩具躲在哪里? 82. 把玩具拉出来! 83. 玩具藏在后面啊!
15~18个月	● 儿童会让大人来帮忙解决问题。 ● 在没有成人的帮助下,儿童也解决一些简单的问题,比如从杯子里拿出小玩具。	84. 帮我修修玩具吧! 85. 解决小问题
18~21个月	● 在要求下,儿童能够把熟悉的物品从通常所在的位置转移到另一个房间。 ● 儿童能把物品放在正确的位置上。	
21~24个月	● 儿童能使用工具解决问题,比如使用棒子去够到放在高处的物品。 ● 儿童能自己独立玩那些需要按按钮、拉绳子或者开开关才能玩的玩具。	86. 我能拿到高处的东西! 87. 玩具玩具,动起来
24~30个月	● 做游戏时,儿童能够进行因果关系的实验。 ● 儿童能够独立地按照大小顺序排列四个大小不一致的玩具。 ● 当物品没有按照预期那样产生某种效果时儿童会说或表示出:这个东西没有正常工作。	88. 车子滚下来了 89. 按大小来排队
30~36个月	● 儿童能独立探索一种物品,去发现他们的功能并且(或者)展示给其他人看这个玩具怎么玩的。 ● 当儿童被问到"为什么"时,至少能说出一个正确的答案,比如,为什么我要用雨伞。	90. 展示玩具的玩法 91. 说出"为什么"

续表

年龄(月份)	一般孩子会……	推荐活动/游戏
36～42个月	● 儿童能发现图片或事件出错或不合理的地方。 ● 儿童能将共同使用的物品进行配对。 ● 儿童能按颜色或形状的规律进行排序。 ● 当儿童被问:"你怎么使用这个东西",能告诉别人该物品的使用方法。 ● 儿童至少会回答2个类似"当你感到饿时,你会干什么?"的问题。	92. 哈哈,你做错了! 93. 工具配对 94. 卡片宝宝排队 95. 这个东西这么用 96. 我感到……我会……
42～48个月	● 儿童能回答或者其他方式表达出某物从哪里来或是某物由什么组成的。 ● 儿童能描述图片中或者生活中所见到的简单的但不合理的事情,比如,大人吃手。 ● 儿童能正确回答"告诉我,怎么做……"以及"你怎么做……"的问题,比如怎么做一个三明治。 ● 儿童能完成2个简单的类比推理,比如成人说:"哥哥是男孩。"儿童说:"姐姐是女孩。"	97. 牛奶从什么地方来的? 98. 怎么做三明治 99. 你来说,我来说
48～54个月	● 出示有缺失的图片,比如缺少了鼻子的娃娃,儿童能辨认出图片中缺失的部分。 ● 儿童能想象和描述出一个陌生的故事或图画中接着要发生的情境。 ● 儿童能说一说/回答自己做了什么以及为什么这么做。 ● 儿童能说出熟悉的物品的新用途。	100. 图上少了什么? 101. 接下来会发生…… 102. 讲一讲我的故事 103. 讲一讲物品的新用途
54～60个月	● 儿童能说出2种不同物品的相似之处。 ● 儿童能对未知的事件进行预测推理。	104. 找相同 105. 后来会发生什么?

五 自我概念

年龄（月份）	一般孩子会……	推荐活动/游戏
9～12 个月	● 当别人叫儿童的名字时，儿童能回应，比如转头。 ● 儿童喜欢照镜子，能和镜子中的形象玩，比如对着镜子中的自己笑。	25. 宝宝！ 26. 和镜子做游戏！
12～15 个月	● 儿童能做出选择，比如选择喜欢的玩具或事物。	在生活中进行观察
15～18 个月	● 儿童能辨认出镜子中自己和他人的形象。 ● 儿童会用说"不"或者其他行为表示拒绝。	27. 照照镜子 28. "不"！
18～21 个月	● 儿童能表达"兴趣、开心、惊讶、兴奋、警告和满意"等感觉中的四个或者更多感觉。 ● 儿童拒绝其他人喂饭，要求自己吃饭。 ● 儿童能够认出"自己"的东西。 ● 儿童会和同伴竞争玩具。	29. 我很高兴 30. 我的东西
21～24 个月	● 儿童能为他人"表演"。 ● 儿童会要求吃饼干或喝饮料。 ● 儿童会坚决自己来选择活动或者继续活动。 ● 儿童能在照片上认出自己并且能说出自己的名字。	31. 我当小演员 32. 我在照片上！

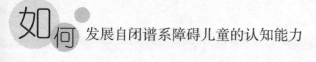

续表

年龄(月份)	一般孩子会……	推荐活动/游戏
24~30个月	●儿童会对自己的成功表现出自豪。 ●儿童能对于自己做出积极的评价。 ●儿童知道自己的年龄(说出来或用手指表示)。	33. 我___岁啦!
30~36个月	●儿童能说出自己的姓。 ●儿童能正确回答自己的性别。 ●儿童能够选出什么样活动是他可以尝试做的,什么样活动是他不能尝试做的,儿童能够认识到自己的限制。 ●儿童在出现意外或者做出了被禁止的活动时会表现出内疚或者不好意思。	34. 我叫…… 35. 我是男孩(女孩) 36. 请你来帮我 37. 真是不好意思!
36~42个月	●儿童能描述自己的感受(感觉),比如,肚子饿了,伤心,开心等。 ●儿童能告诉别人眼、耳、鼻的功能。	在日常生活中多观察儿童
42~48个月	●儿童能说一说自己的感受,比如,说一说感到高兴/伤心的事情。 ●儿童对自己的身体表现出兴趣(问关于身体功能的问题)。	在日常生活中多观察儿童
48~54个月	●儿童对自己的衣着、外貌表现出兴趣,比如,有自己喜欢的衣服、要求穿某些衣服。	在日常生活中多观察儿童
54~60个月	●儿童愿意试图进行那些有挑战的活动。	在日常生活中多观察儿童

第三部分

让我们一起来促进
儿童认知能力的发展

发展自闭谱系障碍儿童的认知能力

一 感知觉

1. 玩拼板（视知觉）

我们为什么这样做？

培养儿童的视觉知觉能力，并学习认识基本几何图形：圆形、长方形、三角形的辨认。

> **儿童需要准备的**
>
> 能够注意到放在前方的玩具。
>
> **成人需要准备的**
>
> 准备圆形、方形、三角形的镶嵌拼板（中间有镂空图形的板）。

开始玩吧！

- 成人给儿童出示一个大的圆形和与之对应的镶嵌拼板。

- 告诉儿童,把圆形放入拼版的镂空位置。
- 如果儿童做对了,就表扬儿童,如果儿童有困难,成人就示范怎么把圆形放入拼版,然后再让儿童尝试一次。

我们还可以这样玩!

- 一开始让儿童拼圆形,儿童掌握之后,再让儿童逐渐去完成方形、三角形、方形+圆形、方形+圆形+三角形的拼板。
- 最初成人给儿童呈现的是正放的拼板和图形,等到儿童都掌握了之后,可以呈现给儿童倒置的拼板,让儿童自己把拼版转正后再拼。
- 也可以做一个简单的"形状盒子",在盒子的盖子上开一个圆形/方形/三角形的洞,让儿童通过图形的匹配,把相应的圆形/方形/三角形的模板扔进盒子中。
- 在儿童熟悉这个游戏后,成人可以和儿童轮流玩,或是组织2~3名儿童轮流玩。

🔔 **特别要注意的事情**

- 如果儿童在完成拼版时有困难,成人可以提供一些帮助,包括:演示拼的过程、手把手地教儿童把图形放入拼板、指出镂空的位置、语言指导等。随着儿童能力的提升,成人逐渐减少帮助。
- 最初开始游戏时,如果镶嵌拼板上有多个图形,需要把不需

如何发展自闭谱系障碍儿童的认知能力

要儿童完成的图形都拼好,从而减少游戏的难度,随着儿童能力的提升,再逐步增加空着的图形的个数以及需要儿童完成拼板的个数。

- 这个游戏只是要求儿童能够辨认图形,而不要求儿童说出图形的名称。

- 因为儿童对于图形的认知需要遵循一定的顺序,所以,这个游戏也需要遵循圆形—方形—三角形,从一个图形到多个图形,从正放的图形到倒置的图形的顺序进行。

掌握了吗?

- 经过几次错误和尝试,儿童能够多次把图形放入拼板中。

2. 我是小小建筑师(视知觉)

我们为什么这样做?

这个活动是训练儿童能够模仿拼出一些简单的图形。

儿童需要准备的

能够注意到前方的玩具,能够拿起积木。

成人需要准备的

积木、小娃娃。

开始玩吧!

- 把积木放在儿童面前,告诉儿童:"让我们一起用积木搭一个椅子吧!"
- 成人把 2 块积木叠在一起,然后把第 3 块放在这 2 块的前面,然后让小娃娃坐在椅子上,必要时成人需要慢慢地展示给儿童看让小娃娃坐在椅子上的过程,让儿童模仿。然后,让儿童自己试一试。
- 如果儿童有困难,成人可以多次示范搭建过程,需要的时候可以手把手地教儿童搭一次。

我们还可以这样玩!

- 除了搭椅子,成人还可以和儿童一起搭不同的东西:

(1) 搭火车:把 10 块积木放在儿童的面前,告诉儿童你要用积木搭小火车了。先把 4 块积木排成竖直的一排,把第 5 块积木放在那一排积木的最上面,然后沿着桌子边推动刚刚搭好的小火车,并且发出火车的声音。然后告诉儿童用剩下的积木搭一个和你的类似的小火车。需要注意,把你搭好的小火车放在儿童能够看到但够不到的地方。

(2) 搭房子:把 10 块 2.5 厘米高的积木放在儿童面前,告诉儿童一起用这些积木建造一个房子。先把 4 块积木水平地排列在一起,然后把第 5 块放在第 2 块积木的上面。然后告诉儿童用剩下的积木建造一个和你建的类似的房子。把你完成的"房子"放在孩子看得到但是够不到的地方。

（3）搭桥梁：把一些积木放在儿童面前，告诉儿童你要用积木建桥。先把2块积木放在台子上，积木之前有很小的间距。然后把第3块积木放在前2块的上面，形成一座桥。搭好之后，成人拿着铅笔穿过2块积木中的缝隙，即铅笔通过了小桥，同时说："过小桥咯过小桥咯！"以此来吸引孩子的注意力。然后让儿童模仿建造一座小桥，把成人搭的小桥放在孩子看得到但是够不到的地方。让孩子记住，小车要通过桥下面的空隙的，所以他必须在2块积木中留有空隙。

🔔 特别要注意的事情

- 搭积木的游戏，也需要遵循一定的顺序，从最简单的搭椅子开始，再到搭火车、搭房子和搭小桥，慢慢增加难度。

- 自闭症儿童可能会很喜欢单纯的积木，他们或许会有自己的想法去排列积木，这个时候成人也可以在儿童完成自己的练习后，再让儿童玩一会儿积木作为奖励。

- 选择儿童最容易操作的积木，如果是"乐高"的积木，要搭椅子，比较容易固定，可能需要更大的力气来拼接，而普通的积木对拼接的能力要求不高，但却不容易固定。

- 有些自闭症儿童的象征能力并不好，所以不能理解所搭建的是一个"椅子"或者"火车"，这需要成人注意，可以呈现一些火车的图片，帮助他们完成象征的过程。

掌握了吗?

- 儿童能够多次完成搭椅子、火车、房子、桥梁。

3. 玩拼图(视知觉)

图 3-1

我们为什么这样做?

这个活动的目的是训练儿童能够完成拼图,促进儿童统合能力的发展。

> **儿童需要准备的**
>
> 无
>
> **成人需要准备的**
>
> 大的由 4~5 块独立的图片组成的简单拼图。

开始玩吧!

- 把完整的拼图放在儿童的面前,用拼图上的图片吸引儿童的注意力。

- 当儿童看着拼图时,成人把拼图拆开,然后让儿童把拼图拼在一起。

- 一开始儿童可能对完成任务有困难,成人就拆下一块拼图,让儿童把这一块拼图拼好。

- 当儿童能够完成一块拼图后,就让儿童去拼2块,然后逐步增加拼图的数量。

- 在需要时,成人提供一些帮助,一开始可以手把手地教儿童拼、指点出拼图的位置、通过语言指导儿童拼图,比如,"放在××的下面",逐渐减少提供的辅助。随着儿童语言能力的增强,也可以逐渐增加语言指导的难度,比如"放在右下方"等。

- 当孩子学会完成拼图后,换其他拼图。当孩子对于4~5块的拼图都能很好地完成后,逐渐增加拼图的图片数量。

我们还可以这样玩!

- 成人可以自己制作拼图:在正方形的硬板纸上印上或者画上一些简单的图片做成一些拼图,每个拼图15厘米长15厘米宽,然后把硬板纸沿对角线分割或者对半分开,制作过程中可以让孩子帮忙一起选图片和贴图片。

- 如果硬板纸很轻，儿童也可以自己来分割。然后把1块硬板纸放在儿童面前，成人再从一堆中找出合适的拼成一幅完整的图片。然后再把这幅图片分开，旋转部分的硬板纸。让儿童再把它们拼起来。

- 鼓励儿童把注意力集中在拼出来的图片上，比如，对儿童说："你能拼出汽车吗？我们一起试一试吧？"如果儿童有困难，就示范给儿童看怎么去拼，然后再把图片分开让儿童再试一试。如果儿童还是没有成功，就把一块硬纸板的方向调整好，然后让儿童完成拼图，如果有需要，也可以手把手地辅助。

🔔 **特别要注意的事情**

- 最初游戏时，成人把其他拼图都拼好，只是让儿童填补缺少的拼图，在儿童能够掌握之后，再让儿童自己进行拼图，拼图的数量逐渐增加，从2块开始，直到20块。

- 一开始，提供给儿童的是正放的拼图，随着儿童能力的增长，可以给儿童呈现斜放的或是倒置的拼图，让儿童去旋转拼图。

- 儿童掌握了一幅拼图之后，如果儿童要求继续玩，也可以让儿童再多玩几次，让儿童多体验几次成功的喜悦。

掌握了吗？

- 儿童能够通过尝试错误，最终自己完成拼图。

4. 帮形状宝宝找家（视知觉）

我们为什么这样做？

　　这个游戏的目的是训练儿童能够对三角形、圆形和正方形进行匹配。

儿童需要准备的

能够同时完成圆形、三角形和正方形的镶嵌拼板。

成人需要准备的

不同形状的积木和装积木的盒子。

开始玩吧！

- 给儿童形状盒子和不同形状的积木，让儿童进行配对，只有盒子顶端的镂空形状和积木的形状一致积木才能扔进盒子里。

- 如果儿童有困难，成人就示范给儿童看怎么配对形状，然后让儿童再尝试一次。

- 如果有需要，在第一次进行游戏时手把手地辅助儿童对各种形状进行配对，然后把积木扔进盒子里去。

我们还可以这样玩!

- 把形状盒子放在儿童自己可以拿到的地方,儿童可以自己去玩。给儿童2~3种不同形状的积木,鼓励儿童去练习辨别形状的能力。

- 这个游戏无论是在家里或是教室里都可以进行。如果在集体环境下,可以每个儿童指定摆放一个图形,或是轮流进行,使其学会等待与轮流。

特别要注意的事情

- 对儿童来说重要的是尽可能让儿童自己纠正自己的错误。在这个阶段,许多儿童通过尝试来学习而不是通过他人的描述。

- 一开始,形状盒子只是有一个形状的开口,让儿童配对一个形状,渐渐地让儿童自己配对更多的形状积木。

- 当儿童有困难时,成人给予辅助,并逐渐减少辅助。

- 玩游戏时,成人可以告诉儿童立体图形的名称,但不要求儿童能够自己说出图形的名称。

掌握了吗?

- 通过尝试,儿童能够多次正确地把5~6个不同的形状放入形状盒子中。

5. 比大小（视知觉）

我们为什么这样做？

这个活动的目的是训练儿童能够辨别常见物品的大小。

儿童需要准备的

无

成人需要准备的

外形相似但大小不同的玩具，比如，大小不同的小车，大小不同的填充玩具。

开始玩吧！

- 在与儿童谈话时或者出示物品时经常使用"大"和"小"的概念，比如，给宝宝一个大的苹果，给宝宝一颗小的葡萄。
- 偶尔，把一些玩具放在一起，然后告诉儿童，"我们按大小把玩具分成2组吧！"
- 然后成人先示范把一个大的玩具放一边，小的玩具放另一边。
- 最后让儿童试一试，如果儿童一开始有困难，成人可以手把手地教儿童分一次。然后再让儿童自己试一试。

我们还可以这样玩!

- 在生活中可以经常和儿童一起玩这样的游戏,比如,和儿童一起分水果、分饼干,在家里和爸爸妈妈一起收衣服时也可以进行大小的分类。

特别要注意的事情

- 在日常生活中,经常和儿童说"大""小",但不要求儿童也会使用。
- 一开始分类时,使用大小对比明显的 2 类物品,随后可以加入中等大小的物品。
- 如果有一个中等大小的玩具,和儿童讨论一下,也许这个玩具算大的玩具,因为它比最小的玩具大很多;也许算小的玩具,因为它比最大的玩具小很多,最后让儿童决定这个玩具是算大的还是算小的,使其掌握大小是相对而言的。

掌握了吗?

- 儿童能够独立进行物品大小的比较。

6. 红色去哪里了? (视知觉)

我们为什么这样做?

这个活动的目标是训练儿童能够分辨基本的颜色。

如何 发展自闭谱系障碍儿童的认知能力

儿童需要准备的

能够辨别少数基本颜色。

成人需要准备的

一些有基本颜色的物品和容器。

开始玩吧!

- 给儿童出示一个装满了红色物品的红色盒子,如装有红色积木的红色盒子,以及装有蓝色物品的蓝色盒子。把他们都倒出来并且把两种颜色的东西混在一起,要求儿童把它们再放回到原先的颜色对应的盒子中去。

- 如果儿童不知道怎么做,成人可以先做示范怎样进行颜色的配对,成人可以一边说出物品是什么颜色,一边把它放到对应颜色的盒子中去。然后把一个物品给儿童,观察他怎么做。

- 成人在游戏中可以告诉儿童各种颜色的名称,但不要求儿童一定要掌握,只要求能够进行分类即可。

我们还可以这样玩!

- 先放2堆颜色不同的物品,比如一堆黄色的积木,一堆蓝色的积木,然后再让儿童把另外一些蓝色或者黄色的积木放到相同的积木堆里。

- 如果儿童刚开始放对了,但是后来却放错了,可以对儿童说:"哦,它是去那里吗?"然后帮助他改正错误。
- 如果儿童只是随机放物品到盒子中,没有按照颜色分类,那么就等儿童都放完后,把所有物品倒出来,重新演示。
- 如果儿童还是不能根据物品的颜色分类,就可以尝试其他基本的颜色,比如白色和黑色。
- 当儿童很容易按照颜色把2种物品分类时,就增加到对3种物品进行分类,但可以减少每一种颜色物品的数量,从而避免儿童去分类太多的东西。
- 在日常生活中,告诉儿童不同的颜色和不同颜色的物品,指出今天他的衣服是什么颜色的,找出环境中的哪个东西和他衣服的颜色是一样的,指出今天谁和谁的衣服颜色是一样的。在穿衣服时,给他找出一件颜色特别的衣服,让他再去找一件同样颜色的衣服,或者让儿童将洗好的袜子根据颜色配对。

特别要注意的事情

- 患有色盲的儿童可能只能区分黑白或者黄色和暗色调的东西,如果观察发现儿童通常只能对这些颜色进行分类而不能对其他颜色进行分类,成人可以继续教儿童说颜色,但是不要重复这个活动了,然后再去医院检查。

如何 发展自闭谱系障碍儿童的认知能力

掌握了吗？

- 在多次活动中，儿童都能够对基本颜色（黑白红黄绿等）的物品进行匹配。

7. 找出一样的图形（视知觉）

我们为什么这样做？

这个活动的目的是训练儿童会对圆形、方形和三角形图进行分类，促进儿童形状知觉的发展。

> **儿童需要准备的**
>
> 能够辨别一些基本形状，比如能把圆形、方形和三角形图片放入旋转了180°的镶嵌拼板内。
>
> **成人需要准备的**
>
> 一些能够进行形状配对的玩具，比如圆形、方形、三角形的相同颜色和大小的塑料片或者纸片。

开始玩吧！

- 这个游戏是建立在儿童能玩镶嵌拼板的基础上，即儿童能指认几种基本的形状的基础之上的，并开始教授儿童命名这些图形。
- 放一个圆形和一个方形在儿童面前，再拿出一个圆形来，给儿童展示如何配对：把同样形状的叠在一起，并且说出这个形状的名称。比如，"这是一个圆形，和你前面的那个圆形一样，所以我就把这个圆形放在你的圆形的上面。"

- 经过这些配对的练习，儿童会更容易理解有关形状的概念。当儿童能成功地对2种形状的塑料片进行配对时，再增加一种。

我们还可以这样玩！

- 可以用饼干来和儿童玩这个游戏，所有的圆形饼干放在一个盘子里，所有的方形饼干放在另一个盘子里。然后发给儿童饼干，让他放到一样的饼干上面。

🔔 **特别要注意的事情**

- 注意这个游戏一定是在儿童能够玩镶嵌拼板的基础上进行的。
- 成人在游戏过程中可以告诉儿童这些形状的名字，但也不要求儿童自己说出形状的名称。

掌握了吗？

- 儿童能够多次将圆形、方形和三角形的物品进行正确分类。

8. 送卡片宝宝找妈妈（2个维度进行分类）（视知觉）

我们为什么这样做？

这个活动的目的是训练儿童能够根据2个维度的信息对物体

如何 发展自闭谱系障碍儿童的认知能力

进行分类,促进儿童视知觉——形状、颜色知觉的发展。

> **儿童需要准备的**
>
> 将物体根据大小进行分类;将物体根据基本的颜色配对;将物体根据形状分类。
>
> **成人需要准备的**
>
> 一些配对用的圆形塑料片,有两种不同的大小,三种基本的颜色。

开始玩吧!

- 把2种不同颜色的一大一小的圆形展示在儿童面前,再拿出一个圆形,在儿童面前展示如何根据颜色和大小,把新的圆形放到它所属类型的图形上面,然后指出你是根据什么维度将它分到这一类的。比如,可以说,这一堆是大的蓝色的圆形。然后拿出另一个图形,把它放在明显和它不是一类的物品前,说一说为什么它不属于这一类,比如,这是一个圆形,但它是一个小圆形,所以不属于这一组。
- 成人一边和儿童分类,一边描述这个物体的特点:大大的,红色的,方形的等,但这些命名的内容不要求儿童马上掌握。
- 在必要的时候给予儿童口头或者动作上的提示。

我们还可以这样玩!

- 利用生活中的一些日常用品和儿童玩这个游戏,让儿童帮忙收拾玩具,或是收拾物品,比如:可以让儿童把大的白色的碗放在一起,把小的黄色的碗放在一起。
- 一边和儿童分类,一边介绍物品的特点或是功能等。
- 一开始选择颜色和形状这两个维度,随着儿童能力的增长,可以选择其他维度,比如触觉(软—硬)、味觉(酸—甜)、材质(塑料—玻璃)等。

🔔 **特别要注意的事情**

- 两个维度的分类要比一个维度的分类难一些,需要建立在已经能够进行一个维度分类的基础上。

掌握了吗?

- 儿童能够根据2个维度对物品进行分类。

9. 看,上面有什么? (辨别方向)(视知觉)

我们为什么这样做?

这个活动的目的是训练儿童能够以自我为中心辨别上下,并说出物体的上下位置。

发展自闭谱系障碍儿童的认知能力

> **儿童需要准备的**
>
> 无
>
> **成人需要准备的**
>
> 无

开始玩吧!

- 在日常生活中可以多和儿童说一些关于上和下的词语,比如,"看,上面有一只鸟""看,下面有朵花"等。

- 也可以举起手,用手指向上指,告诉儿童这个就是"上",向下指就是"下"。

- 然后,让儿童说一说并且指一指架子上的一个玩具和地板上的一个玩具。

- 也可以对儿童说一说物体的上下位置,比如,架子上面有娃娃,架子下面有书,然后可以让儿童模仿说一说。

我们还可以这样玩!

- 和儿童玩扔球的游戏,成人一手拿一个球,一共2个球,一个球在上,一个球在下。

- 让儿童选择想要的球,让儿童说"上面的"还是"下面的",如果儿童做出了选择,就把这个球扔给他。

- 如果儿童没有做出选择,可以一边晃上面的球一边说:"要上面的?"然后停止晃上面的球,开始晃下面的球:"还是,下面的?"然后再让儿童做选择。

- 球可以换成其他玩具,或是在吃饼干的时候,一块饼干放在上面,一块饼干放在下面,然后问儿童选择上面的还是下面的饼干。

🔔 **特别要注意的事情**

- 注意在日常生活中经常和儿童说一说方位名词,比如,××在上面,××在下面。

掌握了吗?

- 儿童能以自我为中心辨别上下,认识并说出近处物体的上下位置。

10. 搭出一样的(视知觉)

我们为什么这样做?

这个活动的目的是训练儿童能够模仿搭出一样的积木。

> **儿童需要准备的**
>
> 能用积木模仿建高楼;用积木模仿搭桥梁。
>
> **成人需要准备的**
>
> 20~24块2种颜色的积木,颜色要有较大的对比度,比如蓝黄、红黄、绿白。

如何 发展自闭谱系障碍儿童的认知能力

开始玩吧！

- 告诉儿童,我们要一起玩一个游戏,要用积木来搭东西,让儿童和你搭一个一样的。

- 开始时,成人可以搭一些之前他搭过的,比如桥、塔等,希望他和你搭得一样。

- 然后告诉他你要搭新的样子了,给他3块颜色不同的积木,你自己拿3块积木,把它们颜色相间地排成排,比如:红黄红,要求儿童搭出一个一模一样的来。

- 如果儿童搭好了,但是颜色顺序和你的不同,就需要问他:"你搭的和我搭的一样吗?"如果儿童说:"不一样。"那成人就需要告诉他,需要完全一样才行。然后,成人可以拿着儿童的积木,示范一次应该怎么搭,再把积木打乱,让儿童再试一次。

- 如果儿童没有发现你和他的积木是不同的,那就要告诉儿童并指出不同之处在哪里,然后再示范应该怎么搭得一模一样。

- 用3~6块积木排成其他规律,规律的难易程度取决于儿童的模仿情况。

我们还可以这样玩！

- 儿童熟悉了这个游戏之后,可以和儿童轮流出题,互相考对方,成人也可以故意做错,看看儿童能不能发现。

- 如果在教室里,可以轮流让2个儿童做出题者和答题者。
- 可以慢慢增加难度,比如,增加积木的数量(6块以内),或者积木组合的难度,或者只是给儿童看图片,让他照着图片的花纹来搭。

🔔 特别要注意的事情

- 注意让儿童跟着你的规则来排列,而不是让他自己随意地搭建。
- 如果儿童玩得好,也可以让儿童自己玩一会儿以作为奖励,或者让儿童来出题,成人来模仿。

掌握了吗?

- 儿童用2种颜色的积木(6块以内)模仿搭成几种不同的横排的样子。

11. 几何图形配对（视知觉）

我们为什么这样做?

这个活动的目的是训练儿童找出一样的几何图形。

发展自闭谱系障碍儿童的认知能力

儿童需要准备的

将物体根据形状分类。

成人需要准备的

2套可供配对的图卡,图卡上有一些设计过的几何图案,比如圆形、方形,或者在图形中进行一些变化,包括方形内有一个叉,方形上有对角线,方形中的一半被涂成不同颜色等。

开始玩吧!

- 做2套图卡,图卡如上所述。

- 把1套放在儿童面前,把顺序打乱,同时拿出另一套图卡中的1张给儿童,让儿童把和这张一样的找出来,把2张叠放在一起。

- 如果儿童有困难,就先在儿童面前放2种花纹的2张卡,成人拿着其中一种花纹的一张图卡,对儿童说:"从你前面的图卡中找出一样的来,好吗?"

- 如果儿童还是不能完成,成人就选出2张一样的,告诉儿童,这两张上面都有1个红色的圆,所以它们是一样的,把它们放在一起。

- 成人可以逐渐增加图卡的数量,从2张到4张最后可以到16张;同时随着儿童能力的增强,逐渐增加几何图形配对的难度,比如,同是圆形,有些全部涂成红色,有些四分之一涂成红色,有些四分之三涂成红色等。

我们还可以这样玩!

- 随着儿童能力的增强,可以使用纸牌来做这个游戏,让儿童找一样的纸牌。
- 在儿童熟悉了这个游戏的流程之后,可以和儿童轮流出题,成人也可以故意做错,让儿童判断。
- 成人也可以组织儿童之间进行这样的游戏,互相出题。

特别要注意的事情

- 成人在给儿童做训练时,先给出4个让儿童进行配对,也可以适时帮儿童旋转卡片,或是引导儿童注意,然后渐渐减少帮助。

掌握了吗?

- 儿童至少能将多对(8对以内)设计过的几何图形进行配对,图片的方向不要求一致。

12. 字母配对(视知觉)

我们为什么这样做?

这个活动的目的是训练儿童能够从一堆字母卡片中找到一样的字母。

如何 发展自闭谱系障碍儿童的认知能力

儿童需要准备的

将设计过的几何图形进行配对。

成人需要准备的

2套大写字母图卡。

2套小写字母图卡。

开始玩吧!

- 将4张写有大写字母的图卡出示在儿童面前,选一些有明显不同的字母,比如A、O、L、S。

- 然后给儿童一张字母卡(A、O、L、S中的任意一张),让儿童在之前4张卡中选出一张与之一样的,并将2张叠放在一起。

- 如果儿童有困难,就示范给儿童看怎么配对,再让儿童自己配对。

- 当儿童能完成这些不相似字母的配对时,让儿童尝试匹配那些相似的字母,比如P、B、R、D。

我们还可以这样玩!

- 在儿童掌握了大写字母的配对之后,再进行小写字母的配对。游戏顺序也是类似的,从差别较大的字母开始,随着儿童能力的提升逐渐增加需要配对字母的数量和相似程度,如,一开始进行 g、a、o、l 的配对,之后可以进行 p、b、q、d 的配对。

- 在儿童熟悉了这个游戏的流程之后,可以和儿童轮流做出题者进行游戏,也可以组织 2 个儿童进行游戏。
- 在家里可以在冰箱门上进行这个活动,用一些有磁性的字母;在教室里,可以在墙上贴上字母表,字母表的顺序是打乱的,然后发给每个儿童几个大写字母,让儿童一个一个去把自己手里的字母放到字母表对应的位置上。

🔔 特别要注意的事情

- 对于容易混淆的字母,一开始成人可以选择涂上不同的颜色,以减少难度。
- 成人也可以帮助儿童转动字母卡片,帮助儿童识别,减少困难。
- 随着儿童能力的增强,可以把字母都涂成一个颜色,或者故意将一些字母进行旋转。

掌握了吗?

- 儿童能没有错误地将所有大写(小写)字母进行配对。

13. 找出好朋友(视知觉)

我们为什么这样做?

这个活动的目的是训练儿童能够按照逻辑关系将图片进行配对。

发展自闭谱系障碍儿童的认知能力

儿童需要准备的

认识日常用具。

成人需要准备的

一系列图片，每2张图片有一定逻辑关系，比如脚和鞋、手和手套、锤子和钉子、画和画笔、头和帽子、骨头和狗、车和司机等。

开始玩吧！

- 在儿童面前出示2张图片，比如脚和手，问一问儿童："图片上是什么？"等到儿童回答正确后再进行下一步，如果儿童说不出，成人需要先教儿童认识图片上是脚和手。

- 然后再给儿童一张手套的图片，问儿童："这一张和之前的两张中的哪一张能配在一起？"

- 如果儿童没有回答正确，就说："这是手套，是戴在手上的，所以，是和手配对的。"

- 如果有需要，成人手把手地教儿童把手的图片和手套的图片叠在一起。然后再给他看袜子的图片，重复这个过程。

- 当儿童掌握这一组4张后，可以换其他内容的图片，比如钉子和锤子、电脑和鼠标等。

我们还可以这样玩!

- 可以和家里的多个成人一起玩,或者在多个人的小组活动中玩这个游戏。
- 让大家/多个儿童围坐在一起,给每个人一张图片,而一位成人有与之对应的图片,大家可以一个一个轮流来和这位成人的图片进行配对。
- 随着儿童能力的增强,可以增加活动难度,比如,将所有图片都发给参与游戏的人,让儿童自己去找其他人手中与自己的图片相配的图片。

🔔 特别要注意的事情

- 注意在生活中适时地教儿童认识这些常用物品,告诉儿童哪些东西是在一起使用的。比如,在吃饭的时候,可以说:"碗和筷子一起用,勺子和筷子一起用等。"

掌握了吗?

- 在 3 次游戏中,儿童至少能根据逻辑关系对 5 幅图进行配对,即对 10 幅图进行两两匹配。

14. 找朋友(按物品的功能分类)(视知觉)

我们为什么这样做?

这个活动的目的是训练儿童能够按照物品的功能进行分类,促进儿童视知觉的发展以及事物逻辑关系的学习。

图 3-2

儿童需要准备的

根据逻辑关系将图片进行配对。

成人需要准备的

提供一些物品，这些物品可以根据功能进行分组，杂志上的图片或者卡片也可以。比如，蜡笔、铅笔、钢笔和书签；小汽车、小火车、小卡车和拖拉机；火车、公交车、出租车和校车；信封、信纸、邮票和邮包；穿着不同制服的人。

开始玩吧！

- 把 2~3 张可以归为一类的东西的图片出示给儿童看，比如，蜡笔、钢笔、书签，然后说："这些东西是一类的。"

- 然后，多拿一些东西（3~4 种）放在儿童面前，比如铅笔、手电筒、雨伞等。然后问儿童，这些东西中哪一个和之前的那些东西是一类的？

- 如果儿童没有选择铅笔，就向儿童解释铅笔和这些东西是一类的，因为它们都是可以用来写字。然后再用其他图片试一试。

- 或是在分类前让儿童想一想，他看到了什么，比如，出示邮递员、医生、救火队员、信封、邮票，先问问儿童，他认不认识这些东西，如果不认识，成人需要进行简单的教学，然后再进行分类。

我们还可以这样玩！

- 这个游戏可以以小组的形式进行，在黑板上挂上一些图片，让多个儿童进行分类，而且这个活动为教授儿童某些概念提供了机会。

🔔 **特别要注意的事情**

- 让儿童进行分类的物品之间可以有相似的外表，但是有不同的功能，或者他们属于同一范畴，但有不同的功能，比如，小汽车和卡车，都是车，但是一个是人坐的，一个是运货的。成人在和儿童进行这些物品的分类时,如何分类一定要给出合适的理由。

掌握了吗?

- 多次游戏中,儿童能够对一些常见的物品进行正确的分类。

15. 数字宝宝找朋友(视知觉)

我们为什么这样做?

这个活动的目的是训练儿童能够对写有0—9的数字卡进行配对,促进儿童对数字的认知能力。

儿童需要准备的

能将大写字母配对。

成人需要准备的

2套0—9的数字卡。

开始玩吧!

- 把4张数字卡放在儿童面前,比如,1,2,3,4。
- 再给儿童一张与之前4张中的1张对应的数字卡,比如,3。
- 然后让儿童找出和这张一样的那张,并且把它放在那张数字卡片的上面。

- 如果儿童有困难,成人可以示范如何将 4 张数字卡进行配对。

- 然后再重复整个过程。如果有需要,开始时只是对 2 张卡片进行配对,再逐渐增加到 3 张或者 4 张数字卡。

- 成人一边和儿童玩,一边可以说:"这是 3。"也可以配合一些数字儿歌,帮助儿童进行数字的学习。

我们还可以这样玩!

- 在家,在教室里,可以在冰箱门上或黑板上贴上磁性的数字卡,进行这个游戏。

🔔 特别要注意的事情

- 6 和 9 是容易搞错的,一开始可以不同时出现,等到儿童熟悉了,再同时出现。

- 一开始出现的数字应该是正放的,或者成人可以辅助儿童,转动字母的方向,帮助儿童区分。随着儿童能力的发展,可以故意出现歪着的或是倒置的数字,让儿童自己进行旋转。

掌握了吗?

- 儿童能正确地将 0—9 进行配对

16. 早上,我们要做什么? （时间知觉）

我们为什么这样做?

这个活动的目的是训练儿童能够根据生活事件,对时间有所感知。

儿童需要准备的

无

成人需要准备的

无

开始玩吧！

- 在日常生活中让儿童形成规律的生活作息，有相对固定的时间吃饭、休息、活动等。

- 成人可以将时间和生活事件和时间的自然特征结合起来教儿童形成时间知觉。比如，早上起床后，可以告诉儿童，"现在是早上，我们要起床，看，天亮了吧！"晚上睡觉前，可以告诉儿童，"现在是晚上，太阳落山了，月亮出来了，我们要睡觉了。"

- 成人也可以问儿童：现在我们要去上学了，所以，现在是什么时候？

- 让儿童通过规律性的事件和时间结合在一起记住，帮助儿童形成时间知觉。

我们还可以这样玩！

- 等儿童已经对一些时间概念有了初步了解之后，可以准备一些图片，可以是儿童日常生活事件的照片或者卡通图，比如，上学、吃饭、睡觉等,然后配合一些自然的图片,比如天黑了、天亮了等,让儿童进行配对。

🔔 **特别要注意的事情**

- 将生活中一些规律事件和时间结合起来,在进行这些规律性活动时可以告诉儿童时间,但是,这个时候儿童的时间概念还比较粗略,表示时间的词语可以用:上午、下午、中午、早上、晚上这些时间跨度大的词语。
- 一开始可以使用可视的日程安排表来帮助儿童形成日常常规,在家或是在教室都可以用图片来表示每天要进行的活动有哪些。

掌握了吗?

- 儿童能以生活事件形成时间知觉,说出一天之中这个时间可以做什么事情,比如,早上到了,要去上学。

17. 介绍一下我的玩具(视知觉)

我们为什么这样做?

这个活动的目的是促进儿童视知觉能力以及语言能力的发展。

如何 发展自闭谱系障碍儿童的认知能力

> **儿童需要准备的**
>
> 能记住熟悉的玩具；掌握一些颜色、形状等概念；一定的语言能力，掌握简单的形容词。
>
> **成人需要准备的**
>
> 儿童熟悉且喜欢的玩具。

开始玩吧！

- 成人可以提问，"你最喜欢什么玩具啊"鼓励儿童去想一想然后描述一个他目前看不到的物品。

- 当儿童正好提到一个物品时，是进行这个活动最好的时机，成人可以表示对这个物品的兴趣。

- 比如，如果儿童说："奶奶给我一个新的泰迪熊。"成人可以说："和我说一说吧，它像什么？"也可以这样问，"它是什么颜色的？它比你的红色泰迪熊大吗？"问一些问题，这些问题有利于儿童描述这样的玩具。

我们还可以这样玩！

- 成人可以组织多个儿童一起玩这个游戏。

- 比如，在教室里，用"看一看，说一说"这个活动，组织几个儿童坐在一起，然后请每个儿童说一说他们在家里或者看到过的物品。

- 你也可以从"20问"来做一个简单的示范,每一个问题只用"是"或"不是"回答。

- 比如,一个人先拿出一个物品,然后让大家进行提问,问题只能用"是"与"不是"回答,比如,"是红色的吗?是圆的吗?是可以吃的吗?是谁给你的?"这些提问,可以帮助儿童知道如何介绍这个玩具。

- 这些问题可以让儿童知道怎么提问可以知道更多的信息,也是教会儿童怎么描述视觉记忆中的物品,并且精确地谈论这个物品。

- 随着儿童能力的增强,在后期,成人可以使用特殊疑问句向儿童提问:"是什么颜色的?""是什么形状的?"等。

- 最后,成人不用出示这个玩具,让儿童描述一个记忆中的玩具,再让其他儿童进行提问,然后进行猜测。

🔔 特别要注意的事情

- 平日成人在和儿童玩玩具时,可以使用一些简单的形容词来描述玩具,渗透一些常用的概念让儿童跟着学。比如,吃苹果时,可以说,"苹果是大大的,甜甜的,脆脆的;葡萄是小小的,酸酸的,软软的"。

- 这个游戏对于儿童的语言能力有一定的要求,成人一开始可以辅助儿童进行描述。比如,成人说:苹果吃起来是脆脆的,还是甜甜的?或者,成人说一半,儿童说一半,比如,苹果是……

掌握了吗？

- 儿童能用不同的描述性句子(短语)从记忆中描述至少3个熟悉的物品,儿童可以通过成人的问题来回答。

18. 谁和谁是一样的？ （按形状和颜色对物品分类）（视知觉）

我们为什么这样做？

这个活动的目的是促进儿童视知觉能力以及分类能力的发展。

儿童需要准备的

能按照两个维度进行分类(比如,红色的大的圆形分一类);一定的视觉记忆能力。

成人需要准备的

一些成对的有不同颜色、形状的物品或者图片,比如,红色和蓝色的积木,积木有圆形也有方形;不同颜色的小车,包括卡车、汽车、摩托车等;不同颜色不同形状的纸片。

开始玩吧！

- 在一个有盖子的盒子中放上6~7种物品出示在儿童面前,或者把物品放在儿童前面,用一张纸盖住。

- 成人出示一个目标物品,盒子里的物品可能和目标物品颜色相同但形状不同,也可能是形状相同但颜色不同,还可能和目标物品一样。

- 比如,出示给儿童看一个圆形的红色的积木,在他的盒子中有蓝色和红色的圆形积木,红色和蓝色的方形积木,红色和蓝色的椭圆形积木。或者你可以给儿童看一个红色的小汽车,在他的盒子里有 2 辆相似的小汽车,一辆蓝色一辆红色;2 辆卡车,一辆蓝色一辆红色;2 辆自行车,一辆蓝色一辆红色。

- 出示一个物品或图片 10 秒钟左右,再把物品拿到你的背后,打开盒子,让儿童去找出一个和你刚刚给他看的差不多的,或是同一类的东西。

- 在他做好选择后,可以要求儿童说一说为什么选这个,如果儿童回答不正确,成人也可以自己进行选择,然后告诉儿童自己选择的理由,比如,选了这个,因为他们有一样的颜色。

- 如果一开始儿童不知道如何选择,成人可以提示:可以选择颜色一样的,或者选择形状一样的,看上去比较像的。

- 如果一开始儿童的视觉记忆能力较弱,可以不用把目标物体藏起来,而是一直出示给儿童看。

我们还可以这样玩!

- 成人可以和多个儿童一起玩,让儿童围成一个圈,给每个儿童发一样物品,让儿童在盒子中找一个颜色/形状/功能一样或接近的东西。

- 为儿童准备一个放了很多积木的盒子,和儿童一起玩积木,告诉儿童积木的特点,比如颜色、形状。

🔔 **特别要注意的事情**

- 一开始,自闭症儿童可能会出现过于关注细节而忽略整体的问题,所以成人要引导儿童去观察两个物品的不同之处,再让儿童去找一样的玩具。

掌握了吗?

- 至少3个场合下,儿童能够没有错误地根据颜色和形状找到和目标物品一样的物品。

19. 搭一个动物园吧! (搭建需要想象力的东西) (视知觉)

我们为什么这样做?

这个游戏的目的是训练儿童能够搭建需要想象力的东西。

儿童需要准备的

儿童能用积木搭火车、房子等。

成人需要准备的

很多不同形状的积木。

开始玩吧！

- 让儿童玩积木。一套好的积木应该是有多种功能的玩具，而且能让儿童玩很多有创造性的游戏的。

- 儿童是不是用积木去搭建桥、房子、路、栅栏等，如果儿童还没有这样的能力就和儿童一起玩，示范给他看怎么去搭建这些。

- 把儿童喜欢的玩具也加入游戏中。比如，儿童喜欢的动物玩具加进来，为玩具搭建一个动物园。

- 渐渐减少成人操作上的辅助，必要时只是用语言进行提示。

我们还可以这样玩！

- 把积木放在儿童容易拿到的地方，男孩和女孩都应该鼓励玩积木游戏，但是男孩通常很快地去搭建路、房子，这时可以鼓励儿童去发挥他们的假装游戏的能力，而女孩常常进行假装游戏，比如，为喜欢的玩具建房子等。

- 一边玩积木，一边进行一些其他能力的训练。比如，可以利用积木教儿童数数，或者教儿童一些基本的颜色、形状、材质的概念等，也可以一边搭建动物园，一边可以说"河马在哪里，它在干什么""小兔子在哪里，它在干什么"等，从而促进儿童语言能力的发展。

🔔 **特别要注意的事情**

- 自闭症儿童可能只是喜欢机械地排列积木，成人需要及时引

如何 发展自闭谱系障碍儿童的认知能力

导他们的注意力,改变他们固有的游戏模式,比如,可以一开始模仿他们进行敲击积木,等到引起他们的注意后,再玩其他的游戏。

- 游戏有一定的发展水平,积木游戏也是如此,从一开始的互相敲,到后来的搭房子,到最后可能玩过家家这样的游戏,需要配合儿童的能力发展,成人应该一开始选择适合儿童水平的游戏。

掌握了吗?

- 在一些场合,儿童能用积木搭建抽象的东西,这些东西被他们自己赋予一定的意义,比如当做房子,当做凳子等。

20. 找找找(找出同类)(视知觉)

我们为什么这样做?

这个活动的目的是促进儿童视知觉发展以及相关概念的认知。

儿童需要准备的

根据逻辑关系将图片进行配对,知道什么东西是一类的。

成人需要准备的

许多不同种类的图片,图片之间有各种的联系,可能是属于同一类,比如花、车辆、昆虫、家禽、野生动物;或是同一形状、颜色;或是他们会一起使用,比如针和线、锤子和钉子、鞋子和袜子等。

开始玩吧！

- 这个活动目的是教儿童确定 2 张图之间的关系，并让他们自己尝试去构建这样的关系。
- 比如教"车"这个概念，可以把 2 张小汽车的图片放在儿童面前，2 张图片并排排列，然后把第三张小汽车的图片放在第二排。
- 再将其他 4 张图片出示给儿童看，比如，卡车、小汽车、飞机、牛的图片。
- 然后，指着第一排的两张图片说，这两张是一类的，然后指着下面的 4 张图说，这 4 张中哪一组和第二排的那一张是一类的？
- 儿童可能指着小汽车，如果儿童没有指着小汽车，就告诉儿童，小汽车的图片和它是一类的，因为他们都是小汽车。
- 然后再用其他图片进行练习。并可以增加难度，不使用一样的图片，而使用同一范畴的图片，比如牛和马的图片放在第一排，鸭子的图片放在第二排，再让儿童在鸡、狗、猫、老鼠这四张图片中选一张与鸭子的图片配对。还可以利用一些一起使用的物品进行配对，比如手和手套、锤子和钉子。

我们还可以这样玩！

- 在教室里，可以以小组的形式开展这个活动，把图片挂在黑板上进行配对游戏,并让儿童说一说这么配对的原因。

- 一边和儿童玩这个游戏,一边可以渗透很多概念并且扩充儿童的词汇量,比如,车子有哪些？水果有哪些？可以吃的有哪些？

- 这个游戏不仅可以用来教授儿童分类的能力,也可以教一些图片的推理能力,比如,第一张和第二张图片之间的关系不一定是同一类概念,可以是一个事情的先后顺序,或是因果关系,而要求儿童在第三张和第四张图片之间也构造这样的逻辑关系。

🔔 特别要注意的事情

- 这个游戏是用来教授儿童相关概念的。而对于有些儿童来说,可能认为"汽车"只是以前学过的一种,所以,对于其他类型的汽车就不会将他们归于"汽车"一类。因此,成人可以利用平日生活中遇到的事物,教儿童分类。

- 在游戏一开始时,就告诉儿童这些东西是哪一类的,可能会减少儿童的困难。

掌握了吗？

- 儿童能通过选择图片完成这个游戏。

21. 送图片宝宝回家（按颜色、形状、数量或功能等分类）（视知觉）

我们为什么这样做？

这个游戏的目的是训练儿童能够认识基本的颜色、形状和事物的功能，并据此进行分类。

儿童需要准备的

能根据形状、颜色、功能关系特征将物品进行分类。

成人需要准备的

不同颜色、形状、大小的积木、卡片，不同种类的玩具。

开始玩吧！

- 给儿童出示4个物品或者图片，其中1个物品明显和其他三个不属于同一类别。比如，给儿童出示三个大的红色的方形积木和一个红的圆形积木。
- 再给儿童一些选择，告诉儿童之前的4个积木中有一个积木和其他三个积木不一样，让他替换不是一类的那块积木。比如，给儿童红色的方形积木，蓝色的方形积木和红色的圆形积木。
- 当儿童做出选择后，无论选择是否正确，先让儿童说出为什么这么选。

- 然后如果儿童选择得不对,就告诉儿童你的选择和选择的理由。

- 在教室里,可以让大家围坐在一起玩这个游戏,让一个儿童选出不属于这一组的物品后,再用另一个物品替换它,再让其他儿童一起讨论是不是选对了,从而帮助所有儿童去理解。

我们还可以这样玩!

- 这个游戏在集体环境下很容易开展,可以在黑板上挂出 4 幅图片,其中 3 幅是一类的,再给出一些可供选择的图片,其中有一幅与之前 3 幅是一类的。比如,3 张交通工具的图片,1 张动物的图片,然后再出示几张动物的图片和 1 张交通工具的图片。让一个儿童上来选择不属于这一组的图片,然后再在另外几张图片中选出一张属于这组的图片。

- 重复这个活动,让每个儿童都玩一次。

🔔 **特别要注意的事情**

- 注意倾听儿童分组的理由,并且积极回应儿童给出的理由。

掌握了吗?

- 儿童通过使用不同的材料能根据两个维度(形状、颜色、数量、种类等)确定不属于这一组的物品或图片,并再选择一个属于这一组的物品。

22. 找出自己的名字（视知觉）

我们为什么这样做？

这个活动的目的是训练儿童能够辨认出自己的名字。

儿童需要准备的

小写字母、大写字母以及数字的配对。

成人需要准备的

2套写着儿童名字的卡片、许多简单的字词卡片。

开始玩吧！

- 将4张卡片出示给儿童看，里面有写有儿童名字的卡片，告诉儿童他自己的名字是哪一个。

- 开始时将名字和其他一些有明显差别的字放在一起。

- 然后再给他1张与之前4张中的1张一样的卡（卡上写了他自己的名字）。

- 如果儿童有困难，就先出示2张卡片，让儿童先完成2张卡片的配对后再增加卡片的数量。

- 当儿童能够完成有明显差别的4张卡片的配对时，给儿童出示一些相像的字词的卡片,让他完成配对。

- 在儿童能够辨别字之间的差别之前,需要经过许多其他视知觉的训练,比如拼图,用积木模仿搭东西等练习。

我们还可以这样玩!

- 在教室或是家里的墙上贴上每个人的照片和姓名,给每个人发一张写有自己名字的卡片,把它贴在墙上自己照片的下方。

- 随着儿童能力的提高,可以让儿童进行其他儿童名字的配对或是简单的字词的配对。

🔔 **特别要注意的事情**

- 可以在家中放上爸爸、妈妈和儿童的名字卡片,在儿童的用品上贴上儿童的名字等,让儿童有更多的机会去看到自己的名字。

- 在教室的光荣榜或是放书包的地方也可以贴上儿童的名字和照片,让儿童有机会看到自己和别人的名字。

掌握了吗?

- 儿童能对自己的名字和简单的字词进行配对。

23. 模仿搭积木(视觉记忆)

我们为什么这样做?

这个游戏的目的是训练儿童能够记住模板来搭积木。

| 第三部分 | 让我们一起来促进儿童认知能力的发展

儿童需要准备的

用积木模仿搭建出简单的模板。

成人需要准备的

2套包括8~10块的积木，积木2.5厘米宽，遮盖物。

开始玩吧！

- 把一套积木放在儿童面前，让儿童看着积木，然后成人把2块积木搭成一个简单的模板，让儿童记住这个模板的样子。
- 然后成人把模板遮住，让儿童去搭一个一样的。
- 如果儿童有困难，就从一块积木开始，再渐渐增加积木的数量、颜色的数量和模板的复杂程度。

我们还可以这样玩！

- 当儿童熟悉了这个游戏的流程，成人可以和儿童互换角色，由儿童搭建模板，让成人模仿。
- 随着儿童能力的提高，成人可以将积木模板拍成照片，出示给儿童看并要求模仿。

🔔 **特别要注意的事情**

- 这个游戏对儿童的记忆力有一定要求，一开始可以让儿童对照着搭，等到儿童能够对照着搭对了，再让儿童凭记忆搭。
- 有时候自闭症儿童会倾向于按自己的想法搭积木，但是这个

103

游戏需要让儿童知道是要记住模板的样子。

掌握了吗？

- 儿童至少能记住用3块积木搭成的简单的积木模板，并且能去模仿搭一个一样的。

24. 玩具在哪里？（方位知觉）

我们为什么这样做？

这个活动的目的是促进儿童方位知觉的发展。

> **儿童需要准备的**
>
> 能以自我为中心辨别前后（方位知觉）。
>
> **成人需要准备的**
>
> 一些儿童喜欢的玩具。

开始玩吧！

- 把儿童喜欢的玩具放在盒子上，问他"玩具在哪里啊？"
- 儿童可能说："玩具在这里。"成人可以先肯定儿童的回答，再向儿童引入"上面"这个概念，告诉儿童，我们还可以说："玩具在盒子的上面。"同样可以用其他玩具，教授其他方位词。

- 成人和儿童可以交替放玩具的位子,交替回答"玩具在哪里?"

我们还可以这样玩!

- 在日常生活中,可以多向儿童表述一些相关概念,比如,在路上时,可以对儿童说:"看,车子的上面有一个绿色的灯""树上有一只小鸟"等。
- 成人也可以和儿童轮流出题,同时训练儿童的轮流等候和主动语言的能力。

🔔 **特别要注意的事情**

- 在生活中多和儿童使用方位词语,儿童不理解时,进行解释,在生活中渗透这些知识。
- 一开始的句子相对固定和简单,以"XX 在 YY 上面"和成人提问的方式为主,随着儿童能力的提高,成人的句子可以丰富一些,比如 XX 上面有 YY,YY 在 XX 上面等,然后也可以让儿童出题考成人,或组织几名儿童一起玩。

掌握了吗?

- 儿童能以客体为中心区别上下前后。

如何 发展自闭谱系障碍儿童的认知能力

二　自我概念

25. 宝宝！（宝宝的名字）（自我识别）

我们为什么这样做？

这个活动的目的是训练儿童能够对自己的名字有所反应。

儿童需要准备的

对声音有所反应。

成人需要准备的

无

开始玩吧！

- 其实在日常生活中，成人经常会叫儿童的名字。
- 为了帮助儿童对自己的名字有所意识，让他知道别人在叫他，成人可以在儿童玩耍时，叫儿童的名字。

- 如果儿童没有反应，就提高声音再次叫他的名字。

- 如儿童仍旧没有反应，叫他名字的同时碰一碰他的肩膀或者手臂以吸引他的注意力。

- 当儿童对他的名字有反应时，就对他笑一笑或者说说话。

- 一旦儿童对叫他的名字有反应时，就检查他对于名字的辨识情况，即对他用同样的相似的音调说其他词语，看看他的反应。

我们还可以这样玩！

- 在和儿童互动的时候经常叫他的名字。

- 因为自闭症儿童对于人称代词的掌握时间要晚于普通儿童，所以，在早期和儿童进行互动游戏时，尽量使用你的名字和儿童的名字，比如，说："大卫是妈妈的儿子"，而不说："你是我的儿子"。这样既是训练儿童对自己的名字有所反应，也是减少他们对句子的理解的困难。

- 当成人要拥抱儿童或者回到屋子里见到儿童时，就叫他名字。开始，他会回头看着你，只是对声音有反应。渐渐的，他会对他的名字有特别的反应。

- 当儿童在做其他活动时叫儿童的名字，看一看他会不会立刻停下来看着你。

🔔 特别要注意的事情

- 一开始儿童可能对自己的名字还没有反应，就需要成人在一旁辅助，也可以在儿童做出回应时，给予强化，比如给他一个他很喜欢的玩具。

- 一开始只是叫儿童的名字,等到儿童能够对自己的名字有所反应之后,成人可以叫同时在场的其他人的名字,然后和这些人互动,让儿童明白什么时候是叫他,什么时候是叫别人。
- 自闭症儿童常常出现听而不闻的情况,所以需要成人持之以恒的训练,同时一开始配合动作或是其他玩具的辅助,以吸引儿童的注意力。

掌握了吗?

- 当叫到儿童的名字时,儿童通常会转头看着叫他名字的人,或者用其他方式回应。

26. 和镜子做游戏!（自我识别）

我们为什么这样做?

这个活动的目的是希望让儿童能够意识到镜子中的形象,对镜子里的形象感兴趣,能够和镜子里的自己玩几分钟。

儿童需要准备的

无

成人需要准备的

不容易打破的小镜子,有镜子的玩具或者在墙上的镜子。

开始玩吧!

- 带儿童去照镜子,或者在洗手、洗脸或洗澡的时候,引导儿童照镜子。

- 很多儿童很喜欢镜子,有些玩具也有镜子,如果儿童在玩这些玩具,观察儿童对他镜子中形象反应是不是会有所改变。

- 也可以先让儿童照镜子,然后再给儿童的脸上画上或贴上一个红点或卡通贴纸,让儿童看看自己有没有什么变化。

我们还可以这样玩!

- 带着儿童路过定在墙上的镜子时,可以让儿童正对着镜子向前走,然后再背对着镜子向前走,这样儿童就会一会儿看到他自己一会儿看不到他自己。成人需要注意儿童反应的变化,看看儿童会不会很喜欢这个游戏,成人也可以对儿童说:"看到自己啦,看不到自己啦。"

- 让儿童坐在成人的腿上,成人和儿童面向同一方向,然后在儿童前面放着一面镜子,让儿童可以从镜子里看到他的形象但是看不到成人的,然后观察他的反应。有时候,一开始儿童是安静地看着镜子中的形象,然后他可能会开始拍打镜子中的形象,或者对着镜子微笑或者大笑。成人也可以移动自己的身体,让儿童有时候看得到,有时候看不到。

- 成人也可以和儿童一起照镜子,然后做一些夸张的表情,让儿童看到表情的变化。

如何 发展自闭谱系障碍儿童的认知能力

🔔 **特别要注意的事情**

- 一开始儿童可能对镜子中的自己没有反应,可以给儿童额头上画一个红点,或是带上他喜欢的帽子,吸引他看向镜子中的自己。

- 引导自闭症儿童去注意镜子里的自己,如果儿童没有看向镜子,成人可能要拿着儿童手去触碰镜子或做出其他辅助动作。

掌握了吗?

- 不同场合下,儿童会和镜子中的自己玩几分钟,拍拍镜子中的自己,或是微笑、张嘴、大笑或者其他行为。

27. 照照镜子(自我识别)

我们为什么这样做?

这个活动目的是希望儿童能够发现镜子里的自己和成人。

儿童需要准备的

能和镜子中的形象玩。

成人需要准备的

不容易打破的小镜子,有镜子的玩具,定在墙上的镜子。

| 第三部分 | 让我们一起来促进儿童认知能力的发展

开始玩吧!

- 让儿童坐在成人的腿上,成人和儿童面向同一方向,成人手里拿着镜子放在儿童的面前,让镜子里就只有儿童的形象而没有成人的形象。
- 观察儿童的反应。看看他是不是会和镜子里的自己玩一会,会不会笑、拍打镜子等。
- 然后,调整镜子的角度,让儿童通过镜子看到他自己和成人的形象。再次观察他的反应。
- 有时候,一开始儿童会安静地看着镜子中的自己,后来他们开始玩一样地拍打镜子中的形象,或者微笑、大笑等。
- 但这些行为都不表示儿童在进行自我辨识。只有当儿童开始对这镜子向前向后移动头部,做鬼脸,吹泡泡时,儿童的自我辨识能力才开始明显。
- 如果当成人的形象出现在镜子中后,儿童回头看你,然后再回去看镜子,这可能说明他正在辨认你和他自己在镜子中的形象。

我们还可以这样玩!

- 很多儿童都喜欢镜子,一些玩具也会有镜子,如果儿童有这样的玩具,观察儿童对他镜子中形象的反应的变化。
- 当你带着儿童路过家里或者其他地方的墙上的镜子时,可以让儿童正面对着镜子向前移动,然后再背对着镜子向前移动,这样儿童就会一会看到他自己一会看不到他自己,注意儿童反应的变化。

🔔 **特别要注意的事情**

- 可以给儿童额头上画上红点,或是戴上帽子,从而帮助儿童认出自己。
- 成人可以示范在镜子前面做鬼脸,做动作等,让儿童模仿。

掌握了吗?

儿童能够从镜子中看到他自己,而且当他从镜子中看到成人时,能一会回头看成人,一会看镜子,同时通过不同表情或者行为,辨认出镜子中自己及他人的形象。

28."不"!(自尊)

我们为什么这样做?

这个活动是希望儿童会通过说"不"或是其他合适的行为表示拒绝。

儿童需要准备的

无

成人需要准备的

让儿童表达拒绝的机会,比如穿的衣服,吃的食物等。

第三部分 | 让我们一起来促进儿童认知能力的发展

开始玩吧！

- 儿童学会说"不"是一项很重要的能力，因为，这样儿童就能够用正常的方式，而不是打人、自伤等不良方式拒绝自己不愿意的东西，也有助于他们情绪的发展。

- 同时，学习说"不"，也可以让儿童知道，他们是能够控制周围的世界的，从而减少不良情绪。

- 在吃饭的时候，如果儿童有明显不愿意吃的东西，成人可以教儿童说"不"并且摇摇头或是摆摆手，然后，成人就可以说："哦，宝宝不愿意吃，那我们换一样。"

我们还可以这样玩！

- 在日常生活中，在吃饭、选衣服、选鞋子的时候，都可以给儿童权利说"不"。

- 可以通过提供给儿童他们明显不想要的东西去引发出他们的拒绝行为，但是更有效的是观察儿童一天中和成人的互动过程。

🔔 **特别要注意的事情**

- 自闭症儿童的语言能力比较弱，有时候可能无法说"不"，可以让他用动作或手势表示，比如，摇头和摆手，这个时候，成人配合说："不"。

- 有时候，儿童的拒绝是不合理的，这个时候就需要成人判断，哪些是可以拒绝的,哪些是不能拒绝的。
- 为了防止儿童经常出现那些不合理的拒绝,可以给儿童选择,比如,有2样水果,不吃苹果,就要吃香蕉。
- 在儿童出现不合理的行为时,可以和儿童进行沟通,让儿童知道有些活动即使是不喜欢,也是需要做的,让儿童了解他们可以掌控一些事情但有些事情却不能掌控。

掌握了吗?

- 儿童通过说"不",摇摇手或者用其他的持续的方法表示拒绝食物或者活动。

29. 我很高兴(认识到自己的不同感受)(自尊)

我们为什么这样做?

这个活动的目的是训练儿童能够表达自己的不同的感受。

儿童需要准备的
无

成人需要准备的
无

开始玩吧!

- 没有人能教会儿童感受。这个活动的目标是教会儿童表达他们的感受。

- 为了鼓励儿童去表达,成人需要理解儿童感受到了什么,然后恰当地回应这些感受。因为,对儿童来说很重要的是他们是被他人接受的,他们的感受是有根据的,是代表了他们的内心体验的。

- 有一些方法可以帮助儿童表达他们的感受:某些暗示儿童感受的行为,比如,笑、皱眉、哭等,用一些词语去给儿童的感受下定义,并说出你认为的儿童有这些感受的原因,比如,"要去奶奶家了,你很兴奋啊!我也很兴奋呢!""我知道因为明明拿走了小车你很生气,但是你不能打他。"

- 和儿童分享成人自己的感受以及原因,比如,我哭了是因为我对……很难过;我很生气,因为……我很兴奋,因为……

我们还可以这样玩!

- 当给儿童读故事的时候,和儿童说一说故事里的人的感受和有这样感受的原因。

- 引导儿童去注意其他人的感受以及这些人是怎么表达的,让儿童清楚这些感受都是自然的,但是用伤害别人的方式发泄消极的情绪是不被许可的。比如,我知道他很生气,但是我们不允许打人,所以他必须先离开一会。

🔔 特别要注意的事情

- 观察儿童在许多不同的场合下,是否能用一种让他人理解的方式表达自己的感受。

- 成人可以在和儿童外出时或在和儿童讲故事时,与儿童分享自己的感受,特别是告知感受的原因,因为自闭症儿童有时候很难理解发生的事情和产生的感受之间的关系。
- 在集体环境中,教师可以在放假结束后或是周末结束后让每个小朋友分享自己假期的生活,用照片等形式展示,展示自己开心的经历。教师需要捕捉生活的细节,教给儿童认识到自己的感受及其原因。

掌握了吗?

- 儿童能表达"兴趣、开心、惊讶、兴奋、警告和满意"等感觉中的四个或者更多感觉。

30. 我的东西(从多样物品中找出自己的)(自尊)

我们为什么这样做?

这个活动的目的是希望儿童能够从多样物品中找到自己的物品。

> **儿童需要准备的**
>
> 能够辨别出熟悉的物品。
>
> **成人需要准备的**
>
> 儿童熟悉的日常物品,包括儿童自己的物品和其他人的物品。

开始玩吧!

- 这个游戏可以穿插在其他游戏之前进行。

- 在开始和儿童玩之前,脱下成人的鞋子和儿童的鞋子,把他们放在一边。

- 然后指着成人的鞋子问:"这是谁的鞋子?"

- 如果儿童没有反应或者没有说对,成人可以说:"这双鞋子是我的(爸爸/妈妈/老师的),看,它很适合我的脚。现在那双鞋子是谁的?(指着儿童的鞋子)"。如果儿童没有反应,就说:"那是你的鞋子,它是宝宝(儿童的名字)的鞋子。"

- 常常使用这些语句,说出这些东西是属于谁的,这样儿童就能明白物品的归属含义。

我们还可以这样玩!

- 确保儿童至少有一样东西只是属于他个人的,而且有一个地方是一直放着他的东西的。在家里,儿童可能有一间房间或者一张床和一个架子是他的。在集体环境下,他有一个柜子或者其他地方是专属于他的。

- 当成人和儿童进行日常活动时,经常和儿童说一说某样东西是属于谁的。比如,当开始打扫屋子时,成人可以说:"这是你的车,请把它放到你的房间去"或者"这是爸爸的大衣,要放在哪里呢?"

- 通过给儿童他们自己的东西或者让他们拿着这些自己的东西,观察儿童能否开始识别出他们自己的东西。

- 随着儿童能力的增强,出示给儿童看的物品可以越来越多,而且要求儿童说出其他物品是属于谁的。

- 成人可以收集一组儿童日常生活中的物品,一些是属于儿童的,一些是属于另外2~3个人,比如兄弟姐妹、父母、同学、老师的等。告诉儿童,将把所有属于他的东西堆在一起,而所有其他人的都放在另一堆。

- 成人可以拿起一样给儿童看并问:"是你的吗?"或者"这是谁的?"如果儿童不能确定物品是谁的,就告诉他物品是属于谁的,并且放在正确的那一堆。

- 成人也可以把物品展示给儿童看,看儿童是否能够自发地说出东西是属于谁的。

- 成人可以在和儿童判断物品归属时教儿童很多关于物品归属的概念。比如,"它们是爸爸的鞋子,看它们好大呀!你的鞋子多小呀！或者明明的衣服是蓝色的,丽丽的衣服是绿色的,而你的衣服是红色的。"

- 有时通过问儿童一些问题或者提一些要求来检查其是否掌握了物品归属的概念。比如：把爸爸的帽子拿过来；把这个东西送到哥哥的房间；你的衣服在哪里？如果儿童出现错误,成人可以矫正其错误,比如,成人可以说："哦,这不是你的衣服,这是奶奶的衣服。你的衣服在这里呢！（成人需要指出来）请把它给我。"

- 成人也可以通过"欺骗"来检验儿童是否掌握了这个游戏。比如把儿童的衣服穿上,把自己的鞋子给他,把一些明显属于某人的东西和其他人的东西混在一起,然后观察儿童的反应。如果儿童没有笑或者做一些事情来表示他发现了这些错误,成人可以说："哦,我怎么这么做了？我拿了宝宝的衣服,可是穿不上。你能帮我找到你的衣服吗？"有时候成人故意搞错,可以增加一些游戏的乐趣。

🔔 **特别要注意的事情**

- 大多数儿童会因为想要某个东西而说这个东西是自己的,虽然这可能会激怒别人,那只是表示出儿童建立起了一种意识：他意识到他是一个重要的人。

- 成人需要了解儿童要某样东西的愿望,但是也要确定物品真正的归属。

- 自闭症儿童往往会更多地说:"××的东西。"而不是说"我的东西。"这是因为他们语言发展的迟滞导致的,所以成人可以提醒儿童使用人称代词,有时候,需要用指点或是拍胸口的方式,提醒儿童去理解"你"和"我"的概念。

- 有些语言发展迟缓的儿童可能无法用语言表达,可以让儿童用动作来表达,比如用手指出什么东西是自己的。

掌握了吗?

- 第一阶段:儿童通常能识别出"我的"东西,无论是通过口语表达还是把东西放在口袋里或者和他的其他的东西放在一起来表达。他对于物体归属可以偶尔出现错误。

- 第二阶段:儿童能够辨认出他的以及别人的衣服、玩具,以及其他东西的归属。儿童至少能够确定8样不同东西的归属,其中超过一半的东西是别人的。

31. 我当小演员(自尊)

我们为什么这样做?

促进儿童自我概念的发展,训练儿童能够为其他人展示自己。

儿童需要准备的

一项技能。

成人需要准备的

无

开始玩吧！

- 当成人和儿童一起学习某个技能时，比如唱歌、背诵一首新的儿歌、跳舞等，请儿童表演给其他人看，选择他熟悉的一个人来做观众，比如家长，祖父母或者兄弟姐妹，在儿童表演之后表扬他。
- 如果儿童拒绝表演，也不用坚持让他表演。可以在儿童进行某个活动时叫其他人过来关注他，请所有人一起给予儿童表扬，这样做可能会让儿童对于在其他时间、场合表演更有信心。

我们还可以这样玩！

- 儿童可以和成人一起表演。

🔔 **特别要注意的事情**

- 自闭症儿童可能不愿意为大家表演，成人可以和儿童一起表演，而且也不用特别正式，平日在家里，也可以和妈妈一起表演给爸爸看。

- 成人可以在和儿童一起表演时给予一定的提示,比如,成人在前面或是一边做示范等,减少表演的困难。
- 一开始可能只要求儿童表演儿歌中的一句,而其余的由成人表演,然后再慢慢增加儿童自己表演的部分。

掌握了吗?

- 在不同场合,儿童能为其他人"表演",可以是自发的也可以是被要求的。

32. 我在照片上!(自尊)

我们为什么这样做?

这个活动的目的是训练儿童能从照片中辨认出自己。

儿童需要准备的

能从镜子中认出自己和妈妈。

成人需要准备的

有儿童以及儿童认识的人的照片。

开始玩吧!

- 和儿童一起翻阅相册,指着一张照片,让儿童辨认照片中的人。问儿童能不能从照片中找到他自己或者爸爸妈妈。

- 如果儿童没有找到自己，成人可以帮他一起找，并一起认一认照片上都有哪些人。
- 另找一个时间，还是和儿童一起看那张照片，看看他能不能自发地说出自己的名字和认出其他人。
- 重复这个游戏直到儿童能够自发地说出照片里的人的名字。

我们还可以这样玩！

- 在一个醒目的位置放上照片。照片里包括一个人或者多人，比如，可以把照片放在架子上或者贴在冰箱门上。
- 当成人和儿童经过这些地方时，就向儿童指出照片。
- 一开始不直接说出照片中的人的名字，而是看一看儿童会不会辨认出这些人。如果儿童没有说出来这些人的名字，成人可以告诉儿童。

🔔 特别要注意的事情

- 刚开始玩这个游戏时可以把照片上的人一个一个地介绍给儿童。
- 开始时照片的头像要大，而且，开始游戏时，照片上的人要少，最好只是儿童一个人，然后再慢慢增加照片上的人数。
- 自闭症儿童在面部识别方面可能存在障碍，这个游戏可以帮助儿童进行面部识别的训练。

掌握了吗？

- 儿童渐渐能够辨认出照片中的自己和其他熟悉的人，比如指出自己在哪里,或者说出照片上有哪些人。

33. 我____岁啦！（自尊）

我们为什么这样做？

这个活动的目的是训练儿童能够自己说出自己的年龄。

儿童需要准备的

无

成人需要准备的

无

开始玩吧！

- 成人很喜欢问小朋友今年几岁了。虽然,能够正确回答自己几岁了需要一定的数学能力,但是,儿童还是可以简单地记住自己多大了。
- 问儿童,"你今年多大了？"
- 如果儿童没有回应或者回答错误,就告诉儿童他的年龄,而且帮他用手指表示自己的年龄,给他们数自己的手指。
- 可以每隔几天就问一次这个问题,直到儿童能够正确回答。

我们还可以这样玩！

- 在给儿童庆祝生日的时候或者在家里人及朋友过生日的时

候是教儿童自己几岁的最好的时机。

- 虽然儿童对于生日和年龄没有真正的认识,但是他会学习到年龄是人的一部分,能够更多地准备去经常回答"你多大了?"的问题。

- 偶尔问儿童"你多大了?"并且给予儿童提示,这样他就能正确地回答了。

- 当其他人问他的年龄时,等待他自己回答。如果他没有回答,通过说他的年龄以及用手指表示年龄来给予他一定的提示。

🔔 **特别要注意的事情**

- 要经常告诉儿童他几岁了,并教他用手指表示。对于语言发展迟缓的儿童,让他用手指表示。

掌握了吗?

- 在许多场合,当被问到"你多大了"时,儿童能够说出正确的数字或者用手指表示自己的年龄。

34. 我叫……(自尊)

我们为什么这样做?

这个活动的目的是训练儿童能够知道自己叫什么名字。

如何 发展自闭谱系障碍儿童的认知能力

儿童需要准备的

别人叫自己的名字时,能够回应自己的名字。

成人需要准备的

木偶或者娃娃。

开始玩吧!

- 和儿童玩"娃娃家"的游戏,用一个娃娃或者木偶或者动物接近儿童,说"我的名字是小明,你叫什么名字?"

- 如果儿童没有回答,就问他是不是×××(不是儿童的名字)。

- 如果儿童没有说自己的名字,成人就说"哦,你一定是×××(儿童的名字)。"

- 用其他玩具重复这个活动直到儿童能说出自己的名字。

我们还可以这样玩!

- 经常叫儿童的名字。当有人问儿童的名字时,引导儿童回答,比如"告诉刘阿姨你的名字。"或者"告诉她你叫小红。"

- 有时候在和儿童进行游戏时,可以故意说错自己的名字,看看儿童能不能发现,或者故意把儿童的名字说错,看看儿童能不能有所察觉。因为,这样故意犯错,可以引导儿童去注意听并且思考他们听到的东西。

- 在集体环境下,可以在小组游戏前进行"介绍'某某人'"的游戏,引导儿童互相介绍自己的名字。

🔔 **特别要注意的事情**

- 有时候自闭症儿童无法和娃娃进行游戏,成人可以不用娃娃,而直接向儿童介绍自己,我叫×××。
- 如果自闭症儿童语言发育迟缓,不能说出自己的名字,成人可以直接问:"谁是×××?"然后教儿童可以通过其他方式来表示自己知道自己的名字,比如指指自己。

掌握了吗?

- 在许多场合,当被问到"你叫什么名字?"或者"你是谁?"的时候,儿童能够在没有大人提示下独立说出他的名字。

35. 我是男孩(女孩)(性别概念)

我们为什么这样做?

这个活动的目的是训练儿童能够认识到自己的性别。

如何 发展自闭谱系障碍儿童的认知能力

儿童需要准备的

无

成人需要准备的

一些娃娃或者娃娃的图片,需要包括男娃娃和女娃娃。

开始玩吧!

- 在日常生活中,特别是去公共场合上厕所的时候,告诉儿童他是男孩子/女孩子、所以去男厕所/女厕所。

- 给儿童看一些男孩子、女孩子的图片,让儿童说一说谁是男孩子,谁是女孩子。

- 可以一边教儿童,一边说一说不同性别的特点,比如,女孩子会穿裙子,女孩子有长头发等。

- 过几分钟后,问儿童,你是男孩子还是女孩子? 如果儿童没有回应,就说"你是女孩子吗?"无论他的回答是什么,再问"你是男孩子吗?"

我们还可以这样玩!

- 和儿童一起玩娃娃,给予娃娃一些角色,比如妈妈、爸爸、儿子、女儿等。

- 给儿童指示,指导男娃娃和女娃娃一起做某事,比如"让男娃娃坐在椅子上",等到儿童熟悉了游戏,也可以让儿童也给你指示。

- 有时候,成人可以故意做错等儿童来纠正。

🔔 **特别要注意的事情**

- 在表扬或者和儿童谈论他自己时可以多用"男孩"或者"女孩"。比如,你是个强壮的男孩子,你今天是个漂亮的女孩子。真是妈妈的乖女儿等。
- 偶尔,对儿童开玩笑一样地问:"你是女孩吗?""我是女孩吗?""爸爸是个女孩吗?"并且纠正儿童的错误。
- 如果其他儿童在场,可以让女孩子们去进行一个活动,男孩子们去进行另一个活动,从而看儿童是不是能正确辨别自己的性别。

掌握了吗?

- 儿童能正确辨别自己的性别。

36. 请你来帮我(自尊)

我们为什么这样做?

这个活动的目的是训练儿童能够意识到什么事情是自己不能完成的,并能够向他人求助。

如何 发展自闭谱系障碍儿童的认知能力

儿童需要准备的

在许多场合,儿童会请求一位成人来帮助自己操作玩具。这些请求包括拿着玩具放在大人的手里,或者在大人和玩具之间来回地看,从而表达出希望大人帮忙的意思。

成人需要准备的

无

开始玩吧!

- 告诉儿童今天要完成一些难题。

- 给儿童一个比较难的任务,如果儿童能够回答对,就表扬儿童完成了这个任务,然后给儿童一个更难一些的难题,儿童完成后再继续增加难题的难度,然后观察儿童的反应,是不是他开始失去兴趣?是不是他会请求帮助?是不是当题目的难度远远超过了他的能力,他就拒绝尝试?

- 如果任务难度太大了,儿童不能完成,就教儿童如何向大人求助,比如教儿童走向别人,拍拍他,或是叫他的名字,等到这个人看着自己的时候,对他说:"帮帮我。"

我们还可以这样玩!

- 在日常活动中,当遇到新的难题和挑战时,成人需要观察儿童是怎么反应的。他一开始是不是似乎很兴奋,但当发现它的难度时就放弃这个难题开始另一个活动了？他是不是向你求助？有时候，他会不会直接忽略这个问题，然后继续他熟悉的，以前取得过成功的那个活动？

- 在儿童遇到困难的时候，是教授儿童求助技能的最好时机，但这需要成人的细心观察。

🔔 **特别要注意的事情**

- 这个活动的目标是让儿童知道他是有能力限制的，有些活动对于他来说在没有帮助的条件下是很难完成的。拥有健康的自我概念的儿童是会选择那些有一些挑战但是能够完成的任务的。在面对超过他现有能力或者对他来说太难的任务时，他将回避或者求助他人。

- 自闭症儿童一般很难向他人求助，可能是因为共同注意、语言以及社交技能方面的限制。所以，这个技能的教授对他们来说也就格外重要。

- 自闭症儿童有时候会逃避困难任务，或者因为任务太难而发脾气的行为，所以在这个时候，就需要成人仔细观察，把握教授儿童求助技能的时机，尽量避免儿童发脾气之后再教授求助技能。

掌握了吗？

- 很多场合下，儿童通过回避或者求助等方式显示出他知道什么样的任务对自己来说太难了，然后向他人求助。

37. 真是不好意思！（自尊）

我们为什么这样做？

这个项目的目的是训练儿童能够知道自己做错了。

儿童需要准备的

知道什么样的活动是被禁止的，什么事情是可以做的。

成人需要准备的

无

开始玩吧！

- 让儿童去体会内疚或者不好意思，是帮助儿童形成健康的自我概念的重要内容。儿童会在做出一些被禁止的事情和被处罚时体验这样的情感。

- 当出现这样的情景的时候，成人需要仔细观察儿童，什么时候表现出了他们可能开始经历这样的情绪的信号，而且要正确地回应儿童。比如，成人可以用语言描述儿童的心情和原因，"因为你不小心打破了杯子，所以你现在有点难过，有点不好意思，觉得自己做错了。不过没关系，下次小心就好了。"

- 内疚和不好意思是重要的,暗示出儿童的道德发展,以及儿童开始和成人制定的某些禁止行为的规则进行合作。
- 无论儿童是否存在障碍,都要对儿童制定一定的简单的、持续性的规则。通常要接受的规则包括禁止故意敲碎东西、浪费东西,比如,拿走厕所用纸、挤出所有的牙膏,以及伤害其他人或者破坏别人的东西。
- 如果打破这些规则,儿童就会得到一些不愿意接受的结果。一般在儿童有能力控制自己的冲动之前,他会通过犯错—惩罚的过程学会这些规则。
- 有时候儿童做错了事情,会故意不承认或是离开犯错的场景。这些"逃避"行为都是表现出儿童在经历内疚和不好意思。
- 当这些情景发生时,成人需要冷静处理,指导儿童去做一些他们应该做的事情来弥补,比如打扫地上自己制造的垃圾、道歉或者停止活动等。
- 除此以外,更重要的是关注事实以及事实的自然结果,比如,你打破了东东的小车,你必须告诉他你很抱歉而且会和我一起尝试修好它。
- 成人也不要把儿童的错误行为归因于儿童有不好的动机以及推广到儿童所有的行为中去,比如,不要说,"你真是个顽皮的孩子",或者,"你很坏"等。通常儿童听到了这样的消极评价后,这些消极评价就会成为儿童自我形象中的一部分,会导致以后的错误行为。

我们还可以这样玩!

- 鼓励每个照顾儿童的人都去制定固定的规则以及打破规则后的结果。强调合适行为的出现的重要性。
- 也可以通过看动画片、讲故事等形式让儿童认识到因为×××,会产生怎么样的情感。

特别要注意的事情

- 儿童犯错时,就是一个很好的教育机会。特别是对于自闭症儿童,他们对于情绪和情感的理解和表达存在障碍,所以,在儿童做错了之后,成人可以借此机会告诉儿童一些规则,以及犯错了会感到怎么样,应该怎么做等。
- 自闭症儿童很多时候很难理解事件和情感的因果关系,他们也很难产生与普通人接近的情感体验。成人可以通过社会故事的干预形式,帮助自闭症儿童理解为什么会产生这样的情感。

掌握了吗?

- 儿童通过掩盖自己制造的麻烦以及因为做了错事而露出悲伤的表情,或者当做了某样被禁止的或相似的事情而"尝试看起来很无辜"来表现出自己的内疚或不好意思。

三 注意与记忆

38. 看,玩具在哪里? (视觉注意)

我们为什么这样做?

追视能力是培养儿童视觉注意和视觉知觉能力的基础,这个活动的目的是训练儿童能够追视移动的物体。

> **儿童需要准备的**
>
> 注视物体至少3秒钟。
>
> **成人需要准备的**
>
> 一些能引起儿童兴趣的玩具:不同颜色的小球、毛茸茸的玩具、会发光的玩具等。

开始玩吧!

- 成人拿着玩具,玩具距离儿童大约15~25厘米左右。成人拿着玩具在儿童眼前轻轻晃动,来引起儿童的注意。

- 当儿童注意到这个玩具时,成人慢慢把玩具从一边水平移动到另一边,一共移动12~20厘米左右。
- 成人可以一边移动玩具一边说:"宝宝看,小兔子(玩具的名字)跑掉了!它跑去哪里了?宝宝看一看!"
- 成人可以用不同的玩具来玩这个游戏。每个玩具玩3~4次。

我们还可以这样玩!

- 成人可以拿着玩具做从上到下或圆形的移动,让儿童进行垂直或圆周的追视。
- 垂直追视时,把玩具放在儿童视线正上方,然后慢慢地把玩具从儿童胸前的位置移动到头部的位置,重复移动几次。
- 当儿童已经会水平追视和垂直追视后,尝试进行圆形追视。让儿童注视着视线正上方的玩具时,将玩具慢慢地在儿童的正上方呈圆周运动,画出一个比他脸稍大的圈。
- 游戏一开始时,可以选择那些大的、颜色比较鲜艳或者会发出亮光的玩具,以吸引儿童的注意力。
- 成人也可以一边出示玩具,一边描述这个玩具,比如,告诉儿童这个玩具的名字、颜色等,但不用要求儿童对这些做出反应。
- 成人可以随时利用手边的东西和儿童玩这个游戏,比如,钥匙链，让游戏更轻松，更生活化。

🔔 **特别要注意的事情**

- 如果儿童一直都不能进行追视，成人可以做些调整：(1) 缩短物品和儿童眼睛的距离；(2) 用能够发声的玩具吸引儿童的注意力；(3) 照亮房间和玩具。

- 自闭症儿童有时很难转移注意力去看另一样东西，所以成人需要选择那些容易引起儿童注意力的玩具，比如会亮或是会发出声音的玩具，可能也需要成人动作的辅助，比如轻轻扭转儿童的头，帮助儿童看着玩具。

- 成人有时需要尝试多种玩具，去发现儿童最感兴趣的玩具，或者培养儿童对某样玩具的兴趣，让儿童更喜欢和成人一起玩。

- 可能儿童会对环境有特别的要求，比如只有在较暗的环境下才会对闪亮的玩具有反应。成人也需要多试几次才能发现儿童对环境的要求。

- 这个游戏简单易行，只是需要成人坚持和儿童使用不同的玩具玩这个游戏。

掌握了吗？

- 儿童能够水平追视、垂直追视以及圆形追视至少 3 样物品，且能够保持这种追视能力。

39. 什么没有啦？（追视能力）

我们为什么这样做？

这个活动的目的是训练儿童注意到物体消失了，将视线停留在物体消失的地方。

> **儿童需要准备的**
>
> 儿童能够进行水平追视、垂直追视以及圆形追视物体。
>
> **成人需要准备的**
>
> 儿童喜欢的玩具，最好是可以发光的玩具。

开始玩吧！

- 成人在儿童视线正前方出示一个玩具，然后慢慢把玩具往左边或者右边移动，让玩具在儿童的视线中消失（把玩具藏起来或让玩具掉在地上）。
- 当玩具消失后，成人问："小兔子（玩具名字）去哪里了？"
- 如果儿童转头看向玩具消失的地方，就让玩具重新出现，告诉儿童："玩具在这里！"并且可以让儿童摸一摸、玩一玩。
- 如果儿童没有马上转头看向玩具消失的地方，成人等待10秒后，让玩具重新出现在儿童的视线内原有位置，并说："它在这里!"然后,再进行这一过程,需要时,可以用动作辅助儿童转头看向玩具消失的地方。

我们还可以这样玩!

- 为了让这个游戏更有意思,成人可以随机选择玩具消失的方位,或者,成人自己成为"玩具",消失在儿童的视线中,比如突然蹲下或者移动到儿童的身后。

🔔 特别要注意的事情

- 玩这个游戏时,可能需要成人或者其他人加入一些声音以及较为夸张的表情,强调物品的消失和再次出现,从而增加活动的趣味性。

- 选择儿童喜欢的玩具,如果儿童不会去看着玩具,可以轻轻地抬着他的头去看向这个玩具,并且在他看着玩具后奖励他玩这个玩具。

掌握了吗?

- 儿童的视线停留在玩具或是成人消失的地方至少3秒钟,而且能够经常表现出这样的视线的停留。

40. 看看,哪个在动? (追视能力)

我们为什么这样做?

这个活动的目的是训练儿童能够将注意力在2个玩具间来回

如何 发展自闭谱系障碍儿童的认知能力

转移。

> **儿童需要准备的**
>
> 无
>
> **成人需要准备的**
>
> 一些能引起儿童兴趣的玩具：不同颜色的小球、毛茸茸的玩具、会发光的玩具等。

开始玩吧！

- 成人拿着玩具，玩具距离儿童大约15~25厘米左右。成人拿着玩具在儿童眼前轻轻晃动，来引起儿童的注意。

- 成人一边晃动玩具，可以一边和儿童说："××（儿童名字或昵称），看这里。"

- 如果儿童看了这个玩具，成人可以表扬儿童并把玩具给儿童。成人可以说："××（儿童名字或昵称）看到了玩具，可以玩一会了。"

- 成人可以用不同的玩具来玩这个游戏。

我们还可以这样玩！

- 所有成人都可以和儿童玩这个游戏，需要注意的是，一开始最好是成人和儿童一对一玩，以免过多的玩具让儿童不知所措。

- 成人也可以一边出示玩具,一边描述这个玩具,比如,告诉儿童这个玩具的名字、颜色等,但不用要求儿童对这些做出反应。
- 成人可以随时利用手边的东西和儿童玩这个游戏,比如,钥匙链,今天买的水果等,让游戏更轻松,更生活化。

🔔 **特别要注意的事情**

- 自闭症儿童有时很难转移注意力去看另一样东西,所以成人需要选择那些容易引起儿童注意力的玩具,比如会亮或是会发出声音的玩具,如拨浪鼓、会亮的小球等。
- 成人有时需要尝试多种玩具去发现儿童最感兴趣的玩具,或者培养儿童对某样玩具的兴趣,让儿童更喜欢和成人一起玩。
- 可能儿童会对环境有特别的要求,比如只有在较暗的环境下才会对闪亮的玩具有反应。成人也需要多试几次才能发现儿童对环境的要求。
- 这个游戏简单易行,只是需要成人坚持和儿童使用不同的玩具玩这个游戏。
- 这项能力是以后开展各项活动的基础,可以培养儿童的共同注意,发掘或培养儿童对某些玩具的兴趣等。

掌握了吗?

- 每天儿童都能够多次表现出注视成人拿着的玩具至少 3

秒钟。

41. 接下来做什么？（记忆能力）

我们为什么这样做？

这个活动是训练儿童能够记住相对固定的生活流程。

儿童需要准备的

能注意到生活中相对固定的流程。

成人需要准备的

无

开始玩吧！

- 可以给儿童安排一个相对固定的生活程序,包括日常照料儿童的人、儿童生活的环境等保持相对的固定。
- 生活程序包括为儿童换尿布、吃饭、洗澡、睡觉等活动。
- 在生活程序建立后,就开始让儿童知道并且引导他记住在某些生活程序之前的固定的信号,比如,在喝牛奶之前儿童可能会听到妈妈拿出奶瓶、冲泡牛奶的声音,这样的声音就是一个信号,以后儿童听到这些声音就知道是要喝牛奶了。

我们还可以这样玩！

- 这个活动是与儿童每天的生活融合在一起的,成人可以利用每次和儿童互动的时机开始这个活动，比如每次给儿童读故事的时候，先放一段音乐。

🔔 特别要注意的事情

- 成人需要注意在给儿童提供照料时就是训练儿童的机会，成人可以人为地在这些日常生活程序中加入一些固定的信号，比如洗澡前让儿童听一听水声，再给儿童洗澡；喂奶前让奶瓶碰一碰发出一些声音。
- 教师在课堂中，可以通过结构化的教学实现这个目标，比如，每次课前和儿童一起朗读儿歌或是唱歌等，让儿童意识到这是开始上课的信号。
- 自闭症儿童更喜欢结构化的生活环境，生活程序相对稳定能够减少其焦虑和发脾气的情况。所以成人应该给儿童一个相对固定的生活程序，而在进行每个程序前给予儿童一些"线索"，可以帮助儿童记住各项活动。
- 可以利用视觉支持策略，让儿童形成结构化的生活环境。
- 由于普通的生活中还是会存在一些变化，所以，也不能一直很死板地进行结构化的教学和生活，有时候还是需要有一些变化，只是在变化之前，可以先告知儿童，以免儿童难以适应而发脾气。

掌握了吗？

- 儿童至少熟悉两种经常发生的活动，比如换尿布、喝牛奶、洗澡等。

42. 听，什么声音？ （听觉注意）

我们为什么这样做？

促进儿童听觉注意的发展。

儿童需要准备的

无

成人需要准备的

一些能发出声音的、闪亮的或者彩色的玩具。

开始玩吧！

- 让玩具在儿童耳边 15 厘米左右的地方发出持续 3~5 秒的声音，声音最好是温和悦耳的，观察儿童是不是因为听到声音而停止当前的活动。
- 用同一种玩具发出不同的声音，比如，让声音变响。然后观察儿童的反应。再尝试换一种玩具发出声音，再观察儿童的反应。
- 如果儿童没有反应，就增加音量。
- 当儿童安静下来时，把发出声音的玩具拿到儿童视线内或者让儿童摸一摸，然后再让玩具发出声音。

我们还可以这样玩!

- 这个活动很容易在一天中的任何时间进行。比如,正好经过儿童时,可以用钥匙发出声音或是直接自己发出一些声音来吸引儿童的注意力。
- 将发声玩具置于儿童的周围,这样无论是谁都可以和儿童进行这个活动。

🔔 **特别要注意的事情**

- 这种反应是没法教的,但是可以通过多次试验去发现什么样的声音最容易引起儿童的反应,比如,带儿童去一个很安静的房间,然后一边说话一边放出声音,或者调节儿童和发声玩具的距离,或者尝试让玩具发出不同高低和频率的声音,来判断怎么样的声音更容易引起儿童的反应。
- 一些儿童很容易习惯周围的声音,因此会停止对声音的反应。所以,重要的是要经常更换发声玩具或者让玩具发出不同的声音,而这个活动一次只能进行5~6次,不能让儿童太过于熟悉同一个声音。
- 对于自闭症儿童来说,听觉信息较难得到他们的加工,有时他们会"充耳不闻",有时很轻的声音也会让他们堵住耳朵。所以,在进行这个活动时,有时候需要选择那些既能发出声音又能闪光的玩具,多种刺激吸引儿童的注意力,在儿童注意到玩具之后,再尝试不用闪光能不能吸引他的注意力。再

如何 发展自闭谱系障碍儿童的认知能力

有,可以在让玩具发出声音前用语言或是动作,比如拍拍儿童的肩膀,提示儿童去"听"。

掌握了吗?

- 当一个声音出现时,儿童通常会保持安静,停止当前的活动。

43. 找一找,声音在哪里? (听觉注意)

我们为什么这样做?

促进儿童听觉注意的发展,让儿童能够去寻找声音的方位。

儿童需要准备的

当突然出现一个声音时,会保持安静,停止当前的活动。

成人需要准备的

许多会发出声音而且外表有趣的玩具。

开始玩吧!

- 在儿童耳朵边 15 厘米处放 3~5 秒的声音,最好是温和悦耳的声音。
- 观察儿童的眼睛,看看他有没有向前或者向后看并寻找这个声音。
- 如果他没有去寻找声音,就把发声的玩具移动到正前方再发出声音,来吸引他的注意力。

- 然后,移开物体,等待几秒钟后,在他看不到的地方再次播放声音,观察儿童是不是会看向这个声音。

- 在儿童另一个耳朵边播放声音,活动程序如上。

- 变换发出声音的物体,重复这个活动。如果儿童一直没有反应,渐渐增加声音的音量。

- 记录下那些儿童有反应的声音,说明这些声音容易引起儿童的注意力。

- 如果儿童没有反应,成人可以给予一些提示,比如,可以对儿童说:"我们看一看是什么发出声音了?"也可以同时辅助儿童将头转过来看向发出声音的玩具。

我们还可以这样玩!

- 在日常生活中,观察儿童对环境中声音的反应。比如,电话铃声、敲门声,其他孩子玩玩具时的声音等,观察儿童会不会主动寻找发出声音的地方。

- 当儿童平躺着时,可以在儿童的耳边放一个声音,成人可以观察儿童是不是会转头寻找声音。

- 或者在儿童肩部的位置放一个声音,观察儿童是否会转头或伸出手抓。

- 或者在儿童腰部的位置放一个声音,观察儿童是否会低头看或伸出手抓。

如何 发展自闭谱系障碍儿童的认知能力

- 等到儿童能够主动寻找一个声音之后,让儿童面对两个声音。成人两只手里各放一个不同的玩具,出示在儿童斜前方45°左右。一个玩具发出声音维持2~3秒,停止2秒左右,再让另一个玩具发出声音,这样交替进行3次。观察儿童是否会交替地看向两个玩具。如果儿童没有看向玩具就让一个玩具一边发出声音一边移动到正前方吸引儿童的视觉注意,然后再慢慢把玩具移动到一边。然后,再让第二个玩具发出声音,如果需要的话,也把玩具移动到儿童正前方,再移动到一边。等候至少5秒,再次重复这个活动。如果儿童向前向后看着两个玩具,把玩具放在儿童的手里,让他玩一会或者摸一摸。

🔔 **特别要注意的事情**

- 当儿童没有寻找发声的物体时,就摇晃物体去制造更多的声音效果。
- 有些儿童,需要在很安静的环境中进行这个活动,因而要避免出现其他导致儿童分心的声音。
- 有些自闭症儿童对于听觉信息的注意力较弱,需要成人的语言提示,或者活动前要先用语言引起儿童的注意再发出声音。
- 可以用语言,也可以轻轻触碰儿童,让他注意力集中在你这里。如果没有发现儿童有寻找声音的行为倾向,就拉着儿童的手去触碰玩具。
- 有些儿童可能不会去看向声音,而是用其他方式表示,比如头从一边移动到另一边。儿童特有的反应模式，可能需要成人多多观察。

- 开展游戏的顺序是：头部—肩部—腰部—两个声音。

掌握了吗？

- 第一阶段：儿童会用眼睛寻找声音，也可以用转头或是其他方式表示他注意到了这个声音。这样的行为在日常生活中可以经常观察到，不仅在这个游戏中。
- 第二阶段：当两个声音出现时，儿童头向前或者向后选择声源或者伸手抓向任意一个声音，而且儿童能在不同场合许多次训练中表现出该能力。

44. 看不见啦？！ （视觉注意）

我们为什么这样做？

这个游戏是训练儿童能够意识到大人只是被布挡住了。

儿童需要准备的

手能够拉掉软布。

成人需要准备的

一块柔软的布、毛巾或者围巾。

如何 发展自闭谱系障碍儿童的认知能力

开始玩吧!

- 当儿童看着成人时,可以玩这个游戏。

- 把一块布盖在儿童的脸上,遮住他的眼睛,注意不要挡住他的嘴。

- 然后说:"宝宝(或者儿童的名字)在哪里啊?"接着停下来,让他去拉掉自己脸上的布。

- 如果他没有拉掉这块布,成人可以说:"出来咯",然后拿走这块布。

- 可以多进行几次这个游戏。成人应该留意儿童是不是表现出想拿走那块布的愿望,然后帮助不能独立完成这个游戏的儿童。

- 只要儿童能够拉掉盖在自己脸上的布,成人就将布盖在自己的脸上,成人和儿童的距离不能太远,要保证儿童能够拉掉成人脸上的布。

- 成人此时可以说:"妈妈/老师在哪里啊?"如果儿童没有去拉掉那块布,成人可以自己拉掉,然后说:"出来咯。"如果儿童表现出想去尝试拉掉布的意思,但是没有行动时,成人就去辅助他,比如拿着他的手去拉掉布。

我们还可以这样玩!

- 这个游戏很多儿童都很喜欢,而且可以在任何场合进行,比如购物时、等候时。这个游戏较为简单,以一对一的个体活动为主,可以由成人和儿童玩,也可以与其他年龄较大的儿童一起玩。

🔔 特别要注意的事情

- 有些儿童可能会害怕被布遮住眼睛,所以可能需要成人先把布遮住其他的身体部位或者遮住儿童部分的脸孔,或者一开始使用较为透明的布遮住儿童的眼睛,这样儿童还是可以看见外面。
- 成人可能要在第一次游戏时加入夸张的表情,语言要有起伏,从而吸引儿童的注意力。
- 对于自闭症儿童而言,他们可能一开始不理解游戏规则,需要成人的辅助,并且多来几次。
- 对于角色互换,自闭症儿童容易固守一种行为模式,可能也会一时无法转变,需要多次训练,或者由成人辅助去拉走成人脸上的软布。

掌握了吗?

- 儿童能够在游戏中拉掉自己或者成人脸上的布,而且这个能力能够保持下去。

45. 玩具在哪里? (视觉注意)

我们为什么这样做?

这个游戏的目的是训练儿童能够注意到软布下的玩具。

如何 发展自闭谱系障碍儿童的认知能力

> **儿童需要准备的**
>
> 能把遮盖在成人脸上的布拉下来。
>
> **成人需要准备的**
>
> 一些玩具或者物品,包括儿童喜欢的玩具,如车钥匙、小的娃娃、彩色的珠子、小车等;多种遮盖物,包括布、围巾、盒子、垫子和杯子等。

开始玩吧!

- 给儿童出示一个物品,物品与儿童的距离保持在儿童能够抓到物体。

- 然后用一个遮盖物把物体的一大半给盖住。

- 如果儿童拿开遮盖物,成人需要注意分辨儿童是在玩遮盖物还是为了找出下面的物体。

- 如果物体被遮住一部分后儿童没有表现出兴趣去拉走遮盖物,成人可以说:"××(物品的名称)到哪里去啦?"然后成人反复遮住物体与拉走遮盖物,同时可以说:"哦,在这里呢!"

- 成人重复演示几次,然后再把物体的一部分遮盖起来,等待儿童来拉走遮盖物。

- 如果儿童依旧没有反应,就换另一个物体,也许是儿童喜欢的玩具或者小饼干等，容易引起儿童的这个行为。
- 如果儿童没有去拉走遮盖物，但是尝试去拉，可能是儿童没有足够的力量，所以，成人需要去帮助他，然后再渐渐减少帮助。

我们还可以这样玩！

- 只要儿童开始拉走物体上的遮盖物，成人就可以改变游戏，把物体全部遮盖住，活动的过程和之前一样。

🔔 特别要注意的事情

- 游戏中选择怎样的物品以及何种遮盖物都需要成人多次进行尝试。有些儿童只会去寻找食物、他喜欢的玩具或者会发出声响的玩具。而有些遮盖物会更容易拉走，比如质地轻的布会比盒子更容易移开。成人需要多次尝试，去发现儿童会主动寻找的物品和拉掉的遮盖物。

- 有时，儿童会拿走遮盖物，然后去玩遮盖物，但是对被藏起来的物品没有兴趣；同样，有些儿童拿走遮盖物是为了获得成人的奖励而不是为了获得被遮盖起来的物品。成人要仔细观察儿童，了解儿童做出这一行为的目的是什么。这个游戏的目的是让儿童知道拿走遮盖物后可以获得被遮盖的物品。

- 选择儿童喜欢的玩具，从而让儿童通过拉走遮盖物而得到这个玩具，玩具本身成为一个自然强化物，从而激发儿童内在的动机去完成这个任务。尽量让儿童得到自然的强化物，这样可以避免儿童过度依赖强化物而不理解他的行动的真正含义。

掌握了吗？

- 儿童能够拿走被遮盖了一部分的物体，这个行为会保持下去。

46. 接下来会发生什么？（视觉记忆）

我们为什么这样做？

这个游戏的目的是训练儿童能够记住经常做的一些游戏。

儿童需要准备的

能够参与平日的简单游戏；熟悉每天习惯性出现的日常照料活动。

成人需要准备的

无

开始玩吧！

- 这个活动的目的是考察儿童对他熟悉的活动的记忆能力，他是不是能够记住熟悉活动的某些部分。
- 和儿童玩游戏，游戏中包含一些有节奏地动作或者简单的重复的单词配合一些动作,比如成人在儿童面前表演"豆豆飞"——将2个手的食指有节奏地碰撞后再分开。

- 然后当儿童熟悉这个游戏后,成人在重复这个行为之前可以先等待几秒钟,观察儿童会怎么做。比如,成人把两个食指碰在一起后没有分开,再观察儿童会怎么做。如果儿童拉开成人的手指或者挥舞手臂示意成人要把手指分开,就表明儿童能够记住这个游戏了。

- 成人还需要观察,儿童能够这么做是因为成人在这一次游戏时间内多次重复后记住了,还是在这次游戏中第一次这么做之后就能表现出他记住了。

我们还可以这样玩!

- 一天之中可以和儿童多玩几次这个游戏。比如,在洗澡前或者穿衣服前。这样带有节奏的动作游戏在许多书里都有介绍,成人可以多尝试一些。

- 随着儿童能力的增强,成人可以在第一次游戏时就故意等待儿童的反应,看看儿童能否在第一次游戏时就能够表现出记住了这个游戏。

🔔 **特别要注意的事情**

- 儿童通常会喜欢被触摸或者被挠痒痒的游戏,如果游戏中有这样的部分,即如果成人的某一个动作之后将出现挠儿童痒痒的行为,儿童通常会记住那个特定动作之后发生的挠痒痒的行为。

- 有一些儿童不喜欢被触摸或者挠痒痒,成人就需要寻找那些儿童喜欢的东西,比如一段声音。自闭症儿童有时候会喜欢某些音乐或者节奏,可将这些东西加入游戏。
- 自闭症儿童可能会存在触觉过敏,而且兴趣可能会有些特别,这点成人需要注意。

掌握了吗?

- 第一阶段:在一次游戏时间中,经过2~3次游戏,儿童表现出记住了那些在熟悉的游戏中循环出现的事件,这样的能力可以得到保持,在其他的游戏时间内也会表现出来。
- 第二阶段:对于熟悉的游戏,在一次活动中,儿童第一次玩时就能够表现出记得这些游戏中经常出现的片段。

47. 不一样的声音(听觉记忆)

我们为什么这样做?

这个活动的目的是训练儿童能够记住经常听的声音,并能够发现听到了一个新的声音。

| 第三部分 | 让我们一起来促进儿童认知能力的发展

> **儿童需要准备的**
>
> 喜欢听温柔的声音,听到时停止原有的动作并安静下来,头转向声源专注倾听。
>
> **成人需要准备的**
>
> 不同种类的能发出声音的物品。

开始玩吧!

- 和儿童玩一个能发出声音的玩具,玩了几分钟后,成人可以拿出另一个会发出声音的玩具并且让它发出声音,让儿童听到这个新的声音。
- 观察儿童是不是会保持安静,然后寻找这个声音,或者儿童表现出其他的行为表明他注意到了这个声音。
- 如果儿童似乎没有注意到这个新的声音,就给儿童看这个发出声音的物品,当儿童看它时,让该物品发出声音,也可以让儿童看着这个物品并且玩了几次后,再让一个儿童看不到的物品发出一个不同的声音,观察儿童的反应。

我们还可以这样玩!

- 日常生活中观察儿童对新声音的反应的变化。
- 有时候儿童可能对玩具发出的声音没有反应,但是会对脚步声、不同人的声音,电话铃声等有所反应。

如何 发展自闭谱系障碍儿童的认知能力

🔔 **特别要注意的事情**

- 在活动中,如果儿童一直没有发现新的声音,就需要成人给予语言的提示,比如,可以说:"听一听这次的声音,有没有不同?上次是嘎嘎嘎,这次是喵喵喵。"
- 成人也可以做出夸张的表情,表明声音是不同的。

掌握了吗?

- 多个不同场合下儿童能够用行为暗示他注意到了一个新的声音。

48. 我找到玩具啦!　(视觉记忆)

我们为什么这样做?

这个游戏的目的是训练儿童能够记住物品所放的位置。

儿童需要准备的

能找出被遮住一部分的物品。

成人需要准备的

一些有趣的玩具;不同的覆盖物,包括各种布、杯子、盒子等。

开始玩吧！

- 当儿童能够揭开完全遮盖在物品上的布或者把物品从盒子中找出来时，就再拿出一个盒子给儿童看。
- 第二个盒子和第一个盒子距离几厘米，两个盒子外形较为类似。让儿童看着，成人把玩具从第一个盒子中拿出来放入第二个盒子。
- 然后成人可以说："东西在哪里呢？"
- 如果儿童没有看向第二个盒子，成人可以拿第二个盒子给他看，说："东西在这个里面。"
- 重复以上的这个过程。不要总是把玩具放在固定的盒子里，而是随机地把玩具轮流放在不同的盒子里。

我们还可以这样玩！

- 当儿童可以从两个盒子中找到藏在其中一个盒子中的玩具时，就可以再加入一个盒子，让儿童在三个盒子中去寻找物体。
- 确保儿童看着成人把玩具放在三个盒子中的一个里面，然后让儿童去找到这个玩具。
- 在儿童能够成功地从三个盒子中的一个盒子中找出玩具后，就把玩具同时藏在三个盒子中，即把一个玩具放在第一个小盒子中，然后把小盒子放在一个大盒子中，最后用毛毯盖住大盒子或者再放入更大的盒子。尽量不要选择三个一样大

如何 发展自闭谱系障碍儿童的认知能力

的盒子,因为儿童可能会拿不出里面的盒子。

- 这个游戏的目的是训练儿童的记忆力,看儿童是不是记得物体放在哪里,需确保玩具是儿童喜欢的,这样儿童就有动力去寻找玩具。

- 出示三个盒子,把玩具藏在一个盒子里,然后拿出来;再放在第二个盒子里,再把玩具拿出来;最后把玩具放在第三个盒子里。让儿童把玩具找出来。如果儿童没有找对,就展示给儿童看玩具在哪里,然后成人重复这一游戏。

- 在儿童面前出示一对容器。让儿童的注意力集中在一个玩具或者物品上,然后把玩具放入一个容器中。然后,交换容器的位置后,让儿童找出玩具在哪里。如果儿童选择了错误的那个容器,就告诉他去看一看另一个容器。重复这个游戏,随机地把玩具放入其中的容器,不要总是放在左边(或右边)的那个容器中。

🔔 特别要注意的事情

- 如果用围巾或者布,就要保证覆盖住玩具时,玩具的外形没有暴露。

- 自闭症儿童可能出现注意力分散或者不去注视成人的操作,所以要确保儿童完全看清楚成人的操作,这个游戏的目的不是让儿童去猜测,而是去记住玩具的位置。

- 适当的时候辅助儿童,避免儿童一直拿不到玩具而发脾气。

掌握了吗？

- 儿童能够发现完全被藏起来的玩具。

49. 接话游戏（听觉注意）

我们为什么这样做？

这个游戏的目的是训练儿童能够记住经常出现的声音。

> **儿童需要准备的**
>
> 对新的声音有不同的反应。
>
> **成人需要准备的**
>
> 儿歌

开始玩吧！

- 念儿歌是很多儿童都很喜欢的一个活动，可以在很多场合进行，在等车的时候、在课前、在睡前等。
- 在儿童熟悉了一首儿歌后，成人再一次读儿歌时，在儿歌重复的地方稍微停一下，或是在儿歌的最后一个字前停一下，看一看儿童会不会接上下一句的前几个重复的词语。
- 如果儿童没有说，那么就再重复读几次。

我们还可以这样玩!

- 在给儿童念他熟悉的儿歌的时候,在循环出现的词语或是那些比较有趣的词语前故意停一下,等儿童的反应。
- 如果儿童一直没有反应,成人可以鼓励儿童,"后面是什么,你记得吗?"

🔔 特别要注意的事情

- 选择那些总是循环出现的词语,或是比较容易说的词语,让儿童说。
- 有些自闭症儿童语言能力很弱,可能只会发声,如果儿童只是在这个词语的位置上模糊地发出了一个声音,成人也应该鼓励儿童,因为这也是表示他记住了。

掌握了吗?

- 在同一时间段内复习一首熟悉的儿歌 2~3 次后,儿童可以说至少一个字来和成人完成一个句子。

50. 一起来看书(视觉注意)

我们为什么这样做?

促进儿童的视觉注意的发展,让儿童能够和成人一起看 5 分钟的图书。

| 第三部分　让我们一起来促进儿童认知能力的发展

> **儿童需要准备的**
>
> 能注视眼前的物品。
>
> **成人需要准备的**
>
> 一些简单的图画书。

开始玩吧！

- 让儿童坐在成人腿上，或是桌边，给他看画书，并和儿童说一说看到了什么。
- 看到儿童没有自发地拍拍图画，成人也可以拉着儿童的手去拍拍图画并且说一说图画上的内容。
- 让儿童翻一翻书。尝试着让他把注意力集中在书上至少5分钟。

我们还可以这样玩！

- 每天都试着给儿童讲故事。虽然儿童可能对故事的理解能力很弱，对图画的兴趣也不多。
- 如果成人读故事的语调更加活泼并且配合图片制造一些有趣的声音，就会帮助儿童增加注意力集中的时间，比如，图片中有一列火车，成人可以模仿火车开过的声音：呼哧呼哧，呜呜……成人也可以轻拍书，或者表现出对于故事的发展很惊讶的表情，都有助于增加儿童的好奇心。
- 后期成人也可以把故事录音，放给儿童听，让儿童一边看书,一边听故事,读故事的同时也可以提醒儿童要翻页了。

🔔 **特别要注意的事情**

- 让儿童自己看书可能是很困难的,很多儿童会一下子把书快速地翻一遍就算结束了,所以需要成人介入进行引导,让儿童对书里的故事或是图画有兴趣。
- 对于书的选择也很重要,对于年龄小的儿童,选择的书应该是大开页的,一页或是两页上只有一幅图画,这样有利于儿童理解图画。

掌握了吗?

- 在很多时候,儿童将注意力集中在一本图画书上至少5分钟,并且通过轻拍书本或者其他方式表现出自己的兴趣。

51. 怎么不一样了? (视觉记忆)

我们为什么这样做?

这个活动的目的是训练儿童能够发现熟悉的游戏发生了一些变化。

| 第三部分 | 让我们一起来促进儿童认知能力的发展

儿童需要准备的

对于熟悉的游戏,在一次活动中,第一次玩时就能够表现出记得这些游戏中经常出现的片段。

成人需要准备的

无

开始玩吧!

- 当儿童表现出记住了某个游戏或者生活程序时,成人可以故意做错一些事情来考验儿童的理解能力。比如,成人拿起奶瓶时假装自己喝或者给娃娃喝,而不给儿童喝。或者玩一个游戏时,通常是点点儿童的鼻子,但是这次是点点儿童的嘴。
- 和儿童玩简单的游戏有时候是为了考验儿童是不是记住了这些游戏的过程。下面介绍一些简单的例子:

  (1)成人将一个小玩具放在手里,出示给儿童看。然后将手背过去,把玩具转移到另一个手里,然后握拳展示给儿童看。然后让儿童打开你的手去寻找玩具。这样重复几次,有时玩具在右手,有时玩具在左手。然后偷偷把玩具藏在口袋里,不要让儿童发现,然后再像刚刚一样让儿童逐一打开成人的手,儿童会发现玩具没有了。这个时候成人可以观察儿童是不是会感到奇怪。

  (2)给儿童1~2个小玩具,让他把玩具扔进盒子里去。

摇晃盒子,让儿童把玩具从盒子里拿出来。重复几次后,成人在摇晃盒子的同时偷偷把玩具拿出来,而不要让儿童发现。然后再把空的盒子给儿童,观察儿童会怎么样。

(3) 给儿童玩一个有开关的玩具,通常给儿童时已经将开关打开了,几次之后,把玩具的开关关上后再把玩具给儿童,观察儿童的反应。

- 经过这些游戏后,观察儿童的反应。也许儿童会笑,有些迷惑的眼神,尝试去改正成人的错误,或者烦躁发牢骚都表示儿童能够理解有些东西发生了错误。成人则需要用合适的方式去回应儿童的反应。比如,成人可以笑一笑,然后把错误改正,返回到儿童预期的样子。

- 如果儿童没有发现这些错误或是异常情况,成人可以自己做出吃惊的样子,说:"怎么不对了?宝宝看看,这样对吗?"然后,再把它改正。

我们还可以这样玩!

- 这个游戏是一个很好地和儿童进行娱乐的游戏,比如等待吃饭时,在排队时等。

- 在儿童发脾气时,这个游戏也可以帮助儿童分散注意力。

🔔 **特别要注意的事情**

- 这个游戏是通过改变一贯的游戏程序,来考验儿童的记忆力。自闭症儿童会出现刻板行为,坚持不改变一贯的程序,进行这个游戏时儿童可能会发脾气,成人需要及时将游戏恢复来安抚儿童的情绪。

掌握了吗?

- 对于熟悉的游戏中的改变或者平时生活程序的变化,以及物品的消失或者物品没有按照期望的样子工作时,儿童能有所反应。在2~3个不同的环境下,儿童经常会表现出这种能力。

52. 我会找东西(视觉记忆)

我们为什么这样做?

这个游戏的目的是训练儿童能够学会按照一定顺序找东西。

儿童需要准备的

当儿童看到物品依次放入两个盒子再拿出来后,最后放在第三个盒子中,儿童能够找到该物品。

儿童能够通过倒翻盒子,从两个盒子中找到藏在其中一个盒子中的物品。

成人需要准备的

不同种类的盒子,许多玩具或者小东西,能够被成人藏在手心里或者小盒子里的小东西。

如何发展自闭谱系障碍儿童的认知能力

开始玩吧!

- 这个游戏是让儿童学会系统地按照一定规律去寻找东西,以及培养推理能力。

- 将两个盒子放在台子上,给儿童看放在成人手里的一个小玩具,然后合上成人的手,把手放入儿童左边的那个盒子里,假装把玩具放进去,实际上玩具还在手里。接着,再把手放入儿童右边的盒子里,再把玩具放进去。

- 如果儿童没有去寻找玩具,成人就演示给儿童看:成人去看每一个盒子,然后说:"玩具在哪里?玩具在这里!"

- 重复这个游戏,成人随机把玩具放在不同的盒子里。

- 如果儿童能够从两个盒子中找到玩具,成人就可以再增加一个盒子,活动过程还是一样。

- 游戏过程中玩具要随机放置,不能总是放在一个盒子里,而且放玩具的顺序也有所不同,有时从左向右,有时从右向左,有时从中间开始。

我们还可以这样玩!

- 当成人想和儿童玩时就可以玩这个游戏了。比如,成人把一个玩具或者饼干放在手心里,然后把手背过去,再把手握拳样伸出来。让儿童找到他认为有玩具或饼干的那只手。有时,玩具或者饼干可以偷偷地换到另一只手里,或者把玩具或饼干放在口袋里,让手里什么东西都没有,然后观察儿童会怎么寻找。

> 🔔 **特别要注意的事情**

- 当儿童没有看到你藏玩具,就没有办法知道玩具在哪里。这个活动的目的不是让儿童每次都猜对,而是让儿童明白如果玩具不在这个盒子里,它就在另一个盒子里。如果儿童出错了,成人可以一边笑一边说:"是我骗了你!"或者"看看另一个盒子里有没有?"

- 当用到 3 个盒子时,最关键的地方就是儿童需要系统地寻找,儿童具体使用了怎样的规律并不重要,但每个盒子必须都被找过一次。这样儿童不仅需要将注意力集中在玩具上,还需要记住那些他之前找过的盒子。

- 等到儿童熟悉了游戏后,可以让儿童和成人交换角色,让儿童来藏东西。成人示范给儿童看如何系统地寻找玩具,比如可以说:"不在这里;我刚刚找过这个盒子了;也许在那里。"有时候,需要 1 名成人在一边辅助。

掌握了吗?

- 儿童能系统地有规律地从 3 个盒子中找到玩具,即依次检查盒子中是否有玩具,而且盒子不被重复检查,儿童至少在 3 次游戏中表现出这样的能力。

53. 发现新玩具（视觉记忆）

我们为什么这样做？

这个活动的目的是训练儿童能够记住一些熟悉的玩具/人/地方。

> **儿童需要准备的**
>
> 儿童能够记住一些熟悉的玩具或是游戏。
>
> **成人需要准备的**
>
> 一些儿童熟悉的、喜欢的玩具。

开始玩吧！

- 儿童有时候会有自己很喜欢的玩具，会一直玩一套固定的玩具。
- 选择1~2个儿童很喜欢的玩具，把它们混入另一套玩具中。
- 当成人和儿童玩这套重新组合的玩具时。观察儿童是不是对于之前熟悉的玩具有所反应。比如，他马上拿起之前的那些玩具玩起来，或者他拿起其中的一个"旧"的玩具后对着它微笑。

我们还可以这样玩！

- 帮助儿童学习辨认熟悉的东西的最好方法就是先给儿童提

供一个固定不变的，可以让儿童有所预期的环境。比如，如果儿童在同一个时间内只玩一部分玩具，他就会更有效地学习辨认它们，或者只有很少的人照顾他，他就很容易记得是谁照顾他了。当有新的玩具或者人和旧的玩具以及熟悉的人一起出现时，注意观察儿童的表现，看一看儿童有没有表现出一些行为去显示自己辨认出旧的玩具和熟悉的人，这些行为包括微笑，说出名字，伸手抓向那个人，去放有熟悉的玩具的地方等。

- 如果儿童没有表现出某些行为来体现对熟悉的人或物品的辨认，成人需要增加儿童对周围人、物和环境的关注。比如，在购物时，爸爸妈妈可以指出和说出儿童在家里喜欢的东西；出去玩时，指出以前带儿童来过的地方的名字，比如快餐店、杂货店等；成人出门回来后，和儿童说一说在外面都看到了什么，带些东西给儿童看，帮助儿童看、听、感受、闻这些东西；也可以把儿童一直玩的玩具藏起来，过几天再把它拿出来，然后把它和其他1~2样玩具放在一起给儿童看，再观察儿童的表现。

🔔 特别要注意的事情

- 自闭症儿童会存在兴趣狭窄的特点，他们会固定喜欢一些东西，所以，如果"旧"玩具是儿童特别喜欢的，"新"玩具他们可能会不去注意，有些是儿童不喜欢的"旧"玩具，儿童可能也不去注意。这个时候就需要成人进行引导,比如,成人很吃惊地说:"宝宝,看,这个玩具没见过,我们玩一玩。"

- 自闭症儿童可能会很难接受改变,所以,当玩具有所改变,儿童喜欢的玩具消失的时候,需要观察儿童会不会发脾气。

掌握了吗?

- 儿童能表现出对熟悉的玩具、人和地方的辨认能力,至少辨认 5 样不同的玩具、5 位不同的人或者 5 个不同的地方。

54. 听,是谁的声音? (听觉记忆)

我们为什么这样做?

这个活动的目的是训练儿童能够记住至少 3 种声音。

儿童需要准备的

对新的声音有不同的反应。

成人需要准备的

录音机或是其他可以放音乐的设备。

开始玩吧!

- 用声音去吸引儿童的注意力,比如妈妈的声音、门铃声,儿童喜欢的电视节目的声音,这些声音都从儿童看不到的地方发出。然后，问儿童："是什么声音？"或者"这是谁的声音？"

- 如果儿童没有反应，就告诉他是什么东西或者是谁发出了声音。然后让他看一看是不是有一个玩具，或者谁来了。

我们还可以这样玩！

- 可以把儿童能够辨认出的环境中的声音录下来，比如门铃声、爸爸妈妈或者兄弟姐妹的声音、上课铃声等。一次放一个声音，然后停顿，看儿童是不是能辨认出这个声音。

🔔 特别要注意的事情

- 自闭症儿童常常会出现听而不闻的情况，他们常常忽略一些声音或者对于一些声音过于敏感，所以在选择声音的时候，需要多试几次。
- 如果自闭症儿童语言能力较弱，无法说出声音的名字时，可以用图片的方式，让他找出代表发出声音的那张图片。

掌握了吗？

- 儿童能辨认出至少 3 种熟悉的声音，可以是叫出它们的名字，或者用其他方式表现出他记得这些声音。

55. 我来当小猫（模拟声音）（听觉记忆）

我们为什么这样做？

促进儿童听觉记忆能力的发展。

发展自闭谱系障碍儿童的认知能力

> **儿童需要准备的**
>
> 能发声。
>
> **成人需要准备的**
>
> 各种各样的玩具或物品,这些玩具或者物品的声音可以被模仿,比如小车、动物、火车等,或者有这些东西的图片。

开始玩吧!

- 和儿童玩玩具小车,一边让车跑,一边模仿发动机的声音。

- 听一听儿童有没有模仿。成人可以保持安静,观察儿童在自己玩小车时是不是会自发地发出发动机的声音。

- 给儿童看有动物图片的书,根据看到的每一种动物成人可以模仿发出动物的不同的声音,比如小狗的声音、小猫的声音、鸭子的声音等。再给儿童看这本书时,等着儿童发出这种声音。如果儿童没有发出声音,成人可以再模拟动物发出声音,当儿童模仿发出声音或者自发地发出声音时,成人可以表现出很高兴的样子,或者表扬一下儿童。

我们还可以这样玩!

- 在和儿童玩玩具的时候模拟发出一些声音,玩动物玩具时,模仿发出不同动物的声音。鼓励儿童去模仿,然后观察儿童在自己玩时会不会自发地发出声音。

- 有时候在成人使用一些东西的时候,可以先模仿发出一些和它有关的声音,比如:"我要用吸尘器啦,唔唔唔……"
- 当一起走路或者开车时,看到一些动物,可以发出与他们有关的声音,并且鼓励儿童去模仿。当儿童再次看到一样或者相似的动物或者物品时,观察儿童会不会自发地发出一些声音。

🔔 **特别要注意的事情**

- 对于有语言困难的自闭症儿童,可能暂时不能模仿发音,成人可以让其完成声音和图片的配对:成人发出一个声音,让儿童拿出与之匹配的图片或是玩具。

掌握了吗?

- 儿童能模拟发出至少3种物品或者动物的声音,或者进行至少3种事物和声音的配对。可以是儿童自发的或者被成人要求。

56. 拿玩具与送玩具回家(视觉记忆)

我们为什么这样做?

这个活动是训练儿童能够记住一些常用物品摆放的位置。

如何 发展自闭谱系障碍儿童的认知能力

儿童需要准备的

能够记住物品的位置。

成人需要准备的

玩具，柜子等。

开始玩吧！

- 在一个熟悉的环境中，成人要求儿童去拿一个玩具过来。如果儿童没去，就带着他去玩具所在的位置，帮他把玩具拿下来，并且拿着到刚刚游戏的位置一起玩。当儿童能够正确地听从成人的指令，就给予鼓励或表扬。

- 也可以要求儿童帮助成人拿一些熟悉的东西。比如扫帚、簸箕、抹布和盒子等。如果儿童没有去拿，成人可以提供辅助，比如告诉儿童物品的位置，或者带着儿童去拿这些东西。

- 当成人和儿童一起完成了某项活动，成人告诉儿童："我们到了收拾东西的时间了。"当儿童去收拾东西的时候，观察儿童把玩具或者其他东西放在哪里。如果儿童把某样东西放错了，告诉儿童这个东西不放在这里，展示给儿童看东西应该放在哪里，然后把东西给儿童，让儿童重新放一次。

- 如果儿童放错了，但能听从成人的指导以及尝试改正错误，成人要谢谢儿童的帮忙并且表扬儿童的行为。

我们还可以这样玩!

- 把儿童的东西固定放在一个地方,让儿童帮助一起收拾。观察他,是不是能经过考虑地去通常放玩具的地方找到特定的玩具。比如,儿童可能在玩火车头,然后回房间去拿一个火车车厢,或者儿童在玩一块积木,回去拿一箱积木过来玩。

- 活动贯穿每一天的生活,特别是要鼓励儿童帮助成人做一些事情,请儿童去为成人拿那些他可以拿到的东西,如果儿童回来时没有拿回所要求的物品或者拿错了,成人可以再说一次要求,告诉儿童东西的确切位置。如果儿童还是没有拿回这样东西,就和儿童一起去拿。

- 如果儿童能够正确回应成人的要求,成人要表现出满意并表扬儿童。即使是儿童没有按照要求把东西放在正确的位置上,也不要批评或者给予儿童消极的评价,成人可以给儿童提供更多的指导或者和儿童一起去找到该物品,再让儿童放到正确的位置上去,尽可能让儿童感觉到成功,因为这样才能使儿童下一次愿意继续尝试。

🔔 特别要注意的事情

- 自闭症儿童可能存在刻板行为,一定要把物品放在指定位置上,而这个游戏是训练让儿童正确地摆放物品,而不仅仅是因为他的刻板行为。

掌握了吗?

- 儿童自发地或者在要求下能从物品通常的位置拿到他自己的物品。通常需要儿童拿至少3次玩具,而且要确定的是儿童是想拿特定的一个玩具,而不是随手拿的,即儿童是想拿某一个玩具,然后知道这个玩具的确切位置。
- 在日常生活中,当被要求时(手势或语言),儿童能够从物品常见的位置拿到家具用品或者教室用具。

57. 模仿故事里的声音(听觉记忆)

我们为什么这样做?

这个活动的目的是训练儿童能够模仿出故事里的声音。

儿童需要准备的

能够记住熟悉的游戏。

成人需要准备的

图画书、故事书。

开始玩吧!

- 每天读1~2个简单的有图画的故事给儿童,保证成人一边读儿童一边看着书。如果书能够提供互动活动,比如,每一页书后,向儿童提几个问题,就更容易吸引小年龄的儿童,或者用那些有"机关"的书,通过打开折叠部分的书,可以看到新的图片。

- 成人也可以通过变化声调和声音的粗细来增加故事的有趣程度,比如每个人物有自己的声音,比如小熊的声音是细细的,大熊的声音是粗粗的。
- 在故事中,加入一些声音的元素,比如:门铃响了"嘀铃铃",吹大风了"呼呼呼"。成人在发出这些声音的时候,可以做出夸张的表情和语音。下次成人再读这个故事给儿童听时,或者下次儿童自己拿着书看时,可以观察儿童是不是也发出一些声音,或者说出1个和图片有关的单词。
- 如果儿童没有发出这样的声音,成人可以提醒儿童:"门铃是什么声音?大风是什么声音?"

我们还可以这样玩!

- 把书放在架子或者盒子里,让儿童可以随时自己拿到。
- 如果儿童要翻页,就听从儿童的要求。
- 如果儿童只是看书而没有说任何话,可以和儿童讨论他看到了什么。

🔔 特别要注意的事情

- 读书的时候语音轻快活泼,同时变化不同的声音可以鼓励年龄小的儿童去看书,即使有时候他们可能并不理解这个故事。

如何 发展自闭谱系障碍儿童的认知能力

- 如果儿童注意力集中的时间过短而不能让你读完整个故事,就用简单的话把故事讲完。

- 不要打扰儿童过快地翻书,而是要调节故事内容,去配合儿童正在看的图片。

- 当儿童的注意时间延长时,提供一些更多文字的书。自闭症儿童语言发展有可能较为落后,可能无法重复一些词语,成人可以让儿童用指点或者其他方式表示已经理解了这个故事。

掌握了吗?

- 儿童能至少听5分钟的故事,或者他自己至少看5分钟的故事书,而且自发地模仿和故事内容有关的声音。

58. 猜猜是什么发出了声音(听觉记忆)

我们为什么这样做?

这个游戏的目的是训练儿童能够进行声音和物体的配对。

儿童需要准备的

能辨认出一些熟悉的声音。

成人需要准备的

能发出不同声音的物品或者玩具,一块板或者其他作为遮挡物的材料。

开始玩吧！

- 给儿童两个能发出不同声音的物品，比如一个铃铛和一个会发出"吱吱"声音的玩具。

- 让儿童玩一小会儿，接着把玩具很快地放到屏幕（遮挡物）后，说："我们来玩个游戏。"然后让一个玩具发出声音，并很快地移走屏幕，问儿童："是哪个玩具发出了声音？"

- 如果儿童选择错误，就当着儿童的面让每个玩具再次发出声音，然后把他们藏在屏幕后面，再次让一个玩具发出声音，然后问儿童是哪个玩具发出声音。一直持续该活动，直到儿童对于每个玩具都能够完全选择正确。当儿童回答正确时，尝试另一对玩具。（这些都是在进行游戏时的练习）

- 一旦儿童清楚地理解了活动过程，就用不同的但是熟悉的物品放在屏幕后面，然后让物品发出声音，再把两个物品都拿出来，问儿童："是哪一个发出声音？"

- 一旦儿童掌握了辨别 2 个物品的声音，就增加到 3 个物品，然后慢慢增加到 10 个物品。

我们还可以这样玩！

- 和儿童玩一个玩具，然后把玩具放在背后让它发出一个声音，然后说："听，是什么声音？"

- 如果儿童不告诉你，就把玩具拿出来，出示给它看，说出玩具的名字，然后再试一次。也可以用其他玩具再试一次。

- 或当儿童熟悉的人靠近时,让他们在被儿童看到之前和儿童说话,然后问儿童:"听,那是谁的声音?"或者"谁在那里?"如果儿童没有说出那人的名字,就告诉儿童是谁在说话。

- 当成人听到环境中的一个声音时,比如车子开过的声音、电话铃的声音、个别房间吸尘器的声音等,停下正在干的事情,然后很有兴趣地去听,并且对儿童说:"听,是什么声音?"也可以带儿童去看发出声音的物品,然后和儿童谈论这个声音。

- 给儿童读故事时,用不同的声音代表不同的人物。最后,模仿故事中的一个人物的说话声,并问儿童:"谁说话是这样的?"

🔔 特别要注意的事情

- 有些自闭症儿童可能语言发展迟缓,可能用其他方式表达自己知道这些物品的名字,比如给儿童看图片,让他指出来是哪个物品的声音。

掌握了吗?

- 儿童能辨认出至少 10 种声音,无论是说出发出声音的物体的名字,做出代表物体的手势或者其他行为。

59. 刚刚看到了什么? (视觉记忆)

我们为什么这样做?

这个游戏的目的是训练儿童能够记住短暂出现的物品。

| 第三部分 | 让我们一起来促进儿童认知能力的发展

儿童需要准备的

能够辨别出新旧的物品。

成人需要准备的

一些有趣的物品或者图片,遮盖物(布,屏幕)。

开始玩吧!

- 将4个物品出示在儿童面前并告诉儿童每个物品的名字,然后用一块布把它们遮住,或者用一块屏幕把它们遮住。然后问儿童,"还记得刚刚看过的东西吗?随便说一个就好了。"
- 如果儿童不记得任何一个了,就再次给儿童看这些东西几秒钟,再次把它们遮住,问:"还记得吗?"
- 用不同的物品或图片进行活动。也可以让儿童遮住东西来考验你的记忆力,从而让活动更加有趣。

我们还可以这样玩!

- 在教室里可以让所有儿童围成一圈然后进行这个活动,让不同的儿童去回答。让每个儿童去回答直到所有物品都被确定。然后让儿童轮流当"老师"去藏东西让大家猜。

🔔 **特别要注意的事情**

- 让儿童记忆的物品最好是儿童比较熟悉的,方便儿童进行记忆,所以对于儿童不是很熟悉的物品,应该在游戏前帮助儿

如何 发展自闭谱系障碍儿童的认知能力

童复习一下这些物品。

- 如果一开始儿童对于4个物品的记忆比较有困难,可以从两个物品开始,随着儿童能力的提高,再慢慢增加物品的数量。

掌握了吗?

- 儿童能说出至少4个刚刚出现过的物品或者图片的名称,这些图片或物品的名称在游戏之前都告诉过儿童。

60. 猜猜玩具在哪只手里？ （视觉记忆）

我们为什么这样做?

这个游戏的目的是训练儿童意识到当大人把玩具藏在一只手里,玩具不在右手中就在左手中。

儿童需要准备的

说出几个(4个或更多的)刚刚出现过(或者摸过)的、知道名字的、后来被藏起来的物品或者图片之中的一个图片或者物品的名字。

在以下两种情况下指出玩具藏在哪个手里：当玩具一直在大人的手里；在儿童没有看到的情况下,大人把玩具转移到另一个手里。

成人需要准备的

一些有趣的小玩具,一些盒子(罐子等)。

| 第三部分 | 让我们一起来促进儿童认知能力的发展

开始玩吧!

- 在开始这个游戏之前,让儿童理解游戏规则。
- 拿出三个玩具放在儿童面前,然后再拿出一个玩具,这个玩具和那3个玩具中的一个一样或者类似,然后问儿童:"这个和哪一个一样呢?"让儿童从3个玩具中找出和这一个相似的玩具来。如果儿童不能选出正确的那个,就告诉他哪两个玩具相似。把玩具打乱,再次让儿童选择。当儿童能够理解这个规则了,就把3个盒子放在儿童面前,然后告诉他,你要玩一个游戏了,每个盒子里放进去1个玩具,并且确定儿童看到你放玩具的过程,等待大约10秒钟,然后出示1个玩具,这个玩具和刚刚那3个玩具中的1个一样或者类似,然后让儿童去把和这个玩具一样的那个从盒子里找出来。
- 如果儿童没有选对,就建议儿童打开另一个盒子看一看,指导儿童发现一样的那个玩具。然后再用另外4个玩具进行游戏。

我们还可以这样玩!

- 当成人和儿童在排队结账或者在一个很小的空间时,可以一起玩这个游戏。在集体环境中,也可以组织儿童之间一起玩。

🔔 **特别要注意的事情**

- 尽量选择儿童喜欢的玩具或者物品,比如小饼干或者小糖果,这样儿童会有动力去猜测玩具藏在哪里,如果是儿童不感兴趣的东西,他可能会胡乱猜。

掌握了吗?

- 当成人藏玩具的手不变时,经过几次游戏后,儿童就能猜对;当成人悄悄变化藏玩具的手时,儿童一开始会猜错,但是他能够知道玩具应该就在另一只手里。

61. 我喜欢的书(视觉与听觉记忆)

我们为什么这样做?

这个活动的目的是训练儿童能够认识几本熟悉的书。

儿童需要准备的

能够记住一些常听的故事。

成人需要准备的

9~10本完整的故事书,书里有大的、颜色鲜艳的图片。

开始玩吧!

- 把4~5本书放在一起,一些是给儿童经常读的,一些是新的。让儿童把书都看一看,然后选择一本想让成人读的。
- 听一听儿童是怎么称呼这本书的,儿童可能叫不出这些书的名字，他们可能会说书的内容，比如"小熊维尼的那本"。

- 如果儿童在看这些书时，没有自发地去用自己的方式称呼这本书，可以要求他去找到一本特定的书，比如，"那本灰姑娘的书在哪里啊？"如果儿童没有找到，就把书拿出来出示给他看，然后告诉他，这本书是讲灰姑娘的故事的。

我们还可以这样玩！

- 每天都抽出一些时间和儿童一起看书。让儿童在2~3本书之中选择1本来读。

- 如果儿童能安静地坐着，就读故事给他听，如果儿童很活跃，不能一直安静地坐着听故事，就缩略故事。为了保持儿童的兴趣，最好选择配上图画的故事书，和儿童一边看一边读，而且读故事时的语调要抑扬顿挫，不同的人物用不同的音调读，或者不同的动物用不同的声音读。

- 把故事书放在书架的下层，让儿童自己就能够拿到。当儿童自己去找一本书让你来读时，就可以观察儿童是不是能够记住这本书的内容。

🔔 **特别要注意的事情**

- 可能有些自闭症儿童语言发展迟滞，难以称呼这本书，成人可以选择其他方式，比如成人用提问的方式去询问儿童，"这本书是关于喜羊羊的吗？"儿童可以用点头或者摇头的方式来回答。

- 有时候自闭症儿童阅读故事书的能力较弱,对于书的很多内容不能理解,所以,成人可以配合图画,去编一些简单的故事,比如,表述龟兔赛跑时,只是说有两个小动物比赛跑步,兔子跑得快,乌龟爬得慢。

掌握了吗?

- 儿童能在很多书中选择了一本喜欢的书,而且会用自己的方式称呼这本书。儿童能至少用自己的方式称呼3本不同的书。

62. 我认识的标志(视觉记忆)

我们为什么这样做?

这个活动的目标是训练儿童能够记住一些常见的标志。

儿童需要准备的

儿童能够辨认出不一样的标志。

成人需要准备的

杂志的图片中所包含的熟悉的标牌或者标签。注意不是那种有构成成分的标签,而是有商标或者商品名称的标签。选择一些儿童常见的食品物品的标签、塑料袋的标签等。

开始玩吧！

- 和儿童一起看杂志或是促销广告，当看到一个广告中有儿童熟悉的一个商标，就可以问儿童："这是什么？"一般儿童都会说出商品的大致内容：比如这是薯片。
- 收集一组儿童熟悉的商标。然后把商标贴在一个小本子上，每一页贴一个商标，然后问儿童每一个商标代表什么。如果他不知道，就告诉他这是什么，或者给他看一看实物。
- 成人也需要继续观察，当下次儿童再看到这些商标时，他还记不记得。

我们还可以这样玩！

- 在准备儿童的点心或者正餐时，给儿童看成人正拿着的商品的标志。在和儿童一起购物时，成人可以从货架上拿一些物品给儿童看，注意引导儿童看这些商品的商标或是最有代表性的特点，并且告诉儿童这些东西的名字。
- 在开车时，把路边的停止标志、商店的标志以及经常去的食品店的标志指出来给儿童看。
- 观察和倾听儿童指出来的商品的标志或者说一些事情来暗示他能认出这些标志，无论是否是商品的名称或者只是把其他东西和商标联系在一起。比如，儿童看到黄色的 M 可能不会说："麦当劳"，但他可能会说："炸薯条"。

如何 发展自闭谱系障碍儿童的认知能力

🔔 **特别要注意的事情**

- 自闭症儿童可能会很喜欢看广告,也能记住很多商标的名称甚至是广告词,但他们有时候却不能将商标和商品联系在一起,只是机械地记住商标,所以在进行游戏的时候,应该特别注意这一点,确保儿童能够将商标的名字和商品联系起来。

掌握了吗?

- 儿童辨认出及说出 5 种不同的、熟悉的标志。

63. 寻找双胞胎(视觉记忆)

我们为什么这样做?

这个游戏的目标是训练儿童能够通过记忆进行图片和物品的配对。

儿童需要准备的

把物品放回到通常摆放的位置,当物品不在正确的位置上时能够发现。

成人需要准备的

8~10 幅配对的图片,8~10 个配对的物品。

开始玩吧!

- 先在儿童面前出示3个物品或者3幅图片,让儿童看并努力记住。

- 然后用一块板、一张纸或者一块布挡住它们,然后出示与刚刚3个物品或图片之中的一个一样的物品或图片给儿童看。

- 接着把这个物品或图片拿走,撤走刚刚的遮盖物,问儿童,这三个物品或图片中哪一个是刚刚单独给你看过的?

- 如果儿童回答错误,成人可以再给儿童看一看之前看过的物品或图片,然后把它藏起来,让儿童再选择一次。

- 成人尝试用不同的东西进行这个游戏。等到儿童熟悉了这个游戏,可以让儿童来扮演"老师"的角色。

- 刚刚开始时,选择那些差异较大的图片或物品放在一起,比如:车、马和勺子。渐渐增加难度,选择那些接近的物品或图片放在一起,比如刀、叉、勺子;马、狗和猫。

- 这个游戏也可以和其他小朋友一起玩,让孩子们轮流成为出示图片的那个人。

我们还可以这样玩!

- 在日常生活中寻找机会去训练儿童的视觉记忆能力。比如,开车或者外出散步,指出停止的标志,当另一个停止的标志出现时,问儿童之前是不是看到过,在哪里看到过?

发展自闭谱系障碍儿童的认知能力

- 随着儿童能力的增加,可以慢慢增加物体的数量,能够记住3个物体之后,可以增加到4个。

🔔 **特别要注意的事情**

- 这个游戏因为环节较多,儿童可能一时不理解,先从不遮挡开始,先出示1个物品,然后将这个物品撤走,再出现3个物品,请儿童从3个物品中找出和之前那个一样的出来。

- 对于自闭症儿童,由于心理理论存在问题,他们可能不理解怎么做出题人,所以需要有成年人辅助他一起来做出题的人。

掌握了吗?

- 儿童能够从3个物体或者图片中找出和刚刚短暂出现过的物体或图片一致的那个,而且至少能够连续5次答对。

64. 哪一个不见了? （视觉记忆）

我们为什么这样做?

这个活动的目标是促进儿童视觉记忆的发展,让儿童能够说出刚刚出现过的,但后来消失的物品。

> **儿童需要准备的**
>
> 能够辨认出短暂出现的三个物品或者图片中的一个。
>
> **成人需要准备的**
>
> 一些有趣的物品或图片。

开始玩吧！

- 玩这个游戏时，需要给儿童短暂地看两个相似的物品或者图片。接着把其中一个物品或图片藏在背后，或者盒子里。然后问儿童，"我把哪一个藏起来了？"
- 如果儿童回答错误，就把藏起来的那个物品或者图片拿出来给儿童看，说："这个就是我藏起来的那个。这是什么？"
- 再用另外两个物品或图片进行游戏。
- 也可以让儿童出示和藏图片，让成人回答什么东西被藏起来了。这个活动也可以由一组小朋友来完成，轮流当出题的那一方。

我们还可以这样玩！

- 日常生活中寻找机会去考验儿童对于短暂看过的东西的记忆能力。比如，在购物时遇到了熟人，过了几分钟就问儿童刚刚看到了谁？

如何 发展自闭谱系障碍儿童的认知能力

🔔 特别要注意的事情

- 游戏刚刚开始时,可以增加出示物品的时间,让儿童知道,这个游戏是需要自己记住刚刚看过的东西,而不是随意地猜测。

掌握了吗?

- 短暂出示一组两个物品,然后将其中 1 个物品藏起来,儿童能够说出物品的名字。

65. 我记得……(记忆力)

我们为什么这样做?

这个活动的目的是训练儿童能够说一说最近发生的事情。

儿童需要准备的

儿童能记住经常发生的事情,比如早上做的早操。

成人需要准备的

无

开始玩吧!

- 在日常生活中,告诉儿童他正在干什么或者他看过了什么,以及做过了什么,而且成人对儿童说了什么,需要表现出很有兴趣。

- 成人带着儿童外出散步时,为儿童指出沿路看到过的东西。在回到家时,让儿童去告诉别人今天他看到了什么或者发生了什么。

- 如果儿童说不出时,就需要给予儿童一些提示,比如,说:"我们今天看到了一个高高的……路灯。"

我们还可以这样玩!

- 当儿童外出回来后,其他人可以问儿童:"你看到了什么呀?"或者"发生了什么呀?"如果儿童不能回忆出他看到了什么,带着他外出的成人也可以用一些问题提示他,比如,"你看到了一辆货车吗?"

- 在集体环境,让一些人来给儿童短暂地讲有趣的事情。也可以让儿童讲一讲自己记住的东西,看一看儿童都记住了什么。开始时可以多用一些简单的问题,比如我们一开始看到了什么?然后,问一些比较具体的问题去帮助儿童回忆起他们的经历。

🔔 **特别要注意的事情**

- 这个游戏可以对儿童的记忆和语言表达能力进行训练。而对于自闭症儿童,可以多用图片来提示,将外出游玩的一些标志性活动的照片给儿童看,帮助儿童一起回忆。成人也可以先和儿童一起回忆,然后再让儿童独立回忆。

掌握了吗？

- 至少有 3 次，当儿童被问到最近发生的事情时，能记住并且说出至少两件经历过的事情或者看到的东西。

66. 儿歌怎么变了？ （记忆力）

我们为什么这样做？

活动的目标是促进儿童记忆力的发展，让儿童能够发现儿歌发生了一些变化/错误，并去纠正这些错误。

儿童需要准备的

能和一位大人一起说出两首以上儿歌或者两首以上的歌曲。

成人需要准备的

无

开始玩吧！

- 选择儿童熟悉的一首儿歌、歌曲或者故事，唱歌或者讲故事时故意犯错，或者进行一些改变。

- 如果儿童没有因此而看起来很疑惑，或者大笑，或者纠正成人，成人可以笑着说："哦，我犯了个错。这可怎么办？"尝试这样和儿童开个玩笑。

- 过一天后，再用儿童熟悉的另一个故事或者另一首歌曲试一试。

我们还可以这样玩！

- 这个游戏可以在日常生活中随时开展，在开车时，等候时，做家务时等。

特别要注意的事情

- 注意选择儿童熟悉的故事或是儿歌，便于儿童发现"错误"。
- 也要求儿童去注意听成人的儿歌，这样才能让他们发现错误。

掌握了吗？

- 儿童能至少对两首不同的儿歌、歌曲或者故事的改变有所反应，比如：看上去很疑惑，或者大笑，或者纠正大人的错误。

67. 刚刚看见过的是？（视觉记忆）

我们为什么这样做？

这个游戏的目的是训练儿童能够从4～6幅中找出刚刚看到过的两幅。

如何 发展自闭谱系障碍儿童的认知能力

儿童需要准备的

出示3个物体后将物体拿走,儿童能够记住并说出其中一个物体的名字。

成人需要准备的

图片(每种图片有两张)。

开始玩吧!

- 在台子上放上4~6幅图片出示给儿童看,然后把他们覆盖起来。

- 再出示两张图片,这两张图片和之前图片中的两张一样,让儿童看这两张图片10秒钟。

- 把图片藏在背后,取下原有图片上的遮盖物,然后让儿童找出和他刚刚看过的图片一样的图片。

- 如果儿童出错,再次给他看这两种图片,再藏起来,让儿童再试一试。

- 用其他图片重复这个活动。

我们还可以这样玩!

- 在教室里,可以和一组儿童一起玩,也可以让两个儿童一起玩,一个做隐藏者一个做寻找者。

- 随着儿童能力的提高,慢慢增加总共出现的图片的数量以及需要儿童记忆的图片的数量。

🔔 特别要注意的事情

- 游戏的规则需要向儿童解释清楚,可以多试几次,让儿童明白他需要做的是什么。
- 这个游戏中的图片应该是儿童比较熟悉的,但也不能是儿童特别喜欢的,因为如果是儿童特别喜欢的,自闭症儿童可能就难以将注意力分配到其他图片上了。

掌握了吗?

- 第一阶段:在至少3次游戏中,儿童能够从4~6幅图片中找出刚刚看过的2幅。
- 第二阶段:在至少3次游戏中,儿童能够在10~12张图片中找到之前看过的3张。

68. 图片翻翻看(视觉记忆)

我们为什么这样做?

这个游戏的目的是训练儿童能够记住所有图片的相对位置。

儿童需要准备的

出示3个物体后将物体拿走,儿童能够记住并说出其中一个物体的名字。

成人需要准备的

共8种图案的16张图片。

开始玩吧!

- 将16张图卡画面向下地放在台子上,排成4排。

- 成人示范游戏过程:先从这一边16张图片中翻开一张,然后再去翻另一张,如果两张内容一致就可以拿走放在一边,如果内容不一致就要把翻开的图卡再背面向上放回,再去翻看其他的图卡,直到找到一样的为止。

- 这个游戏是在考验儿童是不是能记住刚刚看到过的图片的位置,因为,不可能每次直接翻到两张图都是一样的,所以如果儿童能够记住一些之前图片的位置,等到拿到一张图片后,可以直接在台子上找到和它一样的图片。

- 在成人示范后,让儿童试一试。

- 如果儿童没有成功,减少卡片的数量,放9张卡片,也可以给儿童一些提示,比如:这张我们刚刚看到过哦。

我们还可以这样玩!

- 这个游戏可以用传统的自制的卡片进行,在很多APP中也有类似的游戏下载,具体内容会在本册第四部分中详细列出。

- APP游戏的好处是,只需要儿童自己点击图片,而不需要翻,但传统卡片可以由成人自主控制难度,从4张图片开始,游戏的时间也没有限制,而且卡片上的内容也可选择儿童比较熟悉的。

🔔 **特别要注意的事情**

- 这个游戏的目标是要求儿童通过记住图片的位置来迅速将成对的图片拿走,有些儿童可能会一直翻看,而不去记住每张图片的位置。而这个游戏的规则是需要成人提示,需要成人示范如何使用记忆来完成游戏,比如,告诉儿童,记住位置会更快速地拿走卡片。

掌握了吗?

- 经过多次练习后,儿童能够使用记忆找到两张一样的图片。

如何发展自闭谱系障碍儿童的认知能力

四 问题解决与推理

69. 咦,新的玩具?(注意力)

我们为什么这样做?

这个活动的目的是训练儿童的注意力能够在两个玩具之间转移。

> **儿童需要准备的**
>
> 能够注视物体至少3秒钟;能够水平追视物体,垂直追视物体,圆周追视物体。
>
> **成人需要准备的**
>
> 一些不同大小、形状、质地的色彩明亮的玩具,包括一些能够发出声响的玩具。

开始玩吧!

- 在儿童视线内出示一个玩具,玩具放在儿童的左前方,距离儿童大约 25～35 厘米。

- 当儿童的注意力固定在这个玩具上时,成人将另一个玩具出示在儿童右前方,两个玩具保持同一水平高度,然后成人分别轻轻晃动玩具约 20 秒。

- 观察儿童是否将他的注意力从一个玩具上转移到另一个玩具上,包括视线的左右移动或者头从一侧转向另一侧。

- 如果儿童没有转移注意力,那么成人可以尝试这么做:(1) 将两个玩具靠拢,并且移近儿童从而吸引儿童的注意力,然后再将玩具移动到原先的位置,分别晃动玩具吸引儿童将注意力从一个玩具上转移到另一个玩具上;(2) 拿出一个新的玩具,再次进行此活动。

我们还可以这样玩!

- 在日常生活中可以和儿童随时进行这个游戏,特别是在给儿童带来新的玩具的时候,可以先让他玩一个旧的玩具,然后再出现新的玩具,看看儿童的注意力是否会顺利地转移。

🔔 特别要注意的事情

- 自闭症儿童的注意力转移存在困难,所以,在进行这个活动时,儿童使用的玩具是儿童喜爱程度一样的玩具,不要出现一个玩具是儿童特别喜欢的,一个玩具是儿童不喜欢的,这样不容易让儿童注意力转移。

- 在活动过程中,当需要儿童转移注意力时,成人可以用语言

如何 发展自闭谱系障碍儿童的认知能力

进行引导,或者让玩具发出声响。

- 这个游戏要求的是儿童注意力在玩具之间相互转移,而不是从第一个玩具转移到第二个玩具就好了,而是需要儿童看到摇晃的玩具就能够转移。

掌握了吗?

- 两个玩具交替晃动时,儿童能将其注意力在两个玩具之间转移,即一个玩具晃动时儿童的注意力就转移到这个玩具上,注意力转移的标志为视线的转移或者身体转向。

70. 我碰到了什么? （问题解决）

我们为什么这样做?

这个活动的目的是训练儿童能够去抓那些碰到他身体的玩具。

> **儿童需要准备的**
>
> 能够掌握追视物体的能力。
>
> **成人需要准备的**
>
> 一些不同大小、形状、质地的玩具,包括一些能发出声音的玩具。

开始玩吧！

- 在儿童玩一个玩具的时候，用另一个玩具去碰他的躯干，而且让儿童能够看到这个玩具，即让玩具落在儿童的视线范围内。
- 如果儿童没有看向这个玩具，成人可以对儿童或是玩具说话、轻轻摇晃玩具，然后把玩具放在儿童的手里。
- 如果儿童看向了玩具并伸手抓它，就让儿童拿走玩具。
- 如果儿童一直没有反应，成人可以这么做：(1)另外选择一个不同的玩具去碰他的身体；(2)用玩具轻轻地摩擦他的皮肤或者用玩具比之前稍微用力地压一压他的身体；(3)把玩具拿给儿童看，吸引他的注意力，然后慢慢地移动玩具到之前玩具碰到他的身体部位处，移动玩具的过程要让儿童将注意力保持在玩具上，然后再用玩具碰触儿童身体的相同部位；(4)拿着儿童的手去抓玩具。

我们还可以这样玩！

- 用一个玩具碰触儿童不能直接看到的身体部位，但也是儿童容易看到的，比如手，腿等部位。
- 重复刚刚的行为，和玩具说话，轻轻摇晃玩具，或者把玩具放到儿童的手里，或者让儿童拿走玩具。

🔔 **特别要注意的事情**

- 确保玩具触碰的部位儿童有触觉，而且要避免多次触碰同一位置，从而避免儿童习惯了这样的刺激而使感觉不敏感了。
- 避免碰到或者摩擦那些容易引起儿童触觉防御的部位，比如碰到了这个地方儿童就要哭闹。有时候，轻压也容易引起触觉防御。如果儿童出现触觉防御，那就让他看到碰到他的东西，也许他会停止哭闹。
- 自闭症儿童很可能出现触觉问题，有时候会比较敏感，有时候可能又完全感觉不到，所以，需要成人进行不断的尝试，试一试哪些材质的玩具，在哪一个部位触碰儿童会引起良好的反应。

掌握了吗？
- 儿童能很容易地就看向或者伸手抓向碰到他身体的玩具，至少三次表现出这样的行为。

71. 让玩具动起来！ （问题解决）

我们为什么这样做？

这个游戏的目的是训练儿童能够学会玩那些能制造效果的玩具，让儿童懂得通过自己的操作，可以制造一些效果。

| 第三部分 | 让我们一起来促进儿童认知能力的发展

儿童需要准备的

注视物体至少3秒钟。

成人需要准备的

一些能产生效果的玩具,比如:小铃铛,捏了会有响声的玩具。

开始玩吧!

- 给儿童提供一些能产生效果的玩具,即通过儿童简单的行为玩具能给他一些反馈,比如声音或者旋转等。

- 对于大年龄的儿童,那些挤压了之后会叫的小鸭子,拍手了之后会跳舞的小女孩,都是很好的玩具。要把玩具放置在他够得到的地方,或者先把玩具给儿童,观察一下他是否能够自己玩。如果儿童似乎不能够做出那些让玩具发出声音或者亮光的行为,成人可以做示范给儿童看,再看儿童是不是会自己玩。

- 对于年幼的儿童,小铃铛是一个很好的玩具:成人可以不直接提供示范,暂时把小铃铛用色彩鲜艳的绳子系在儿童手腕或脚踝处,系15分钟左右,一天2~3次。观察这段时间内儿童是否更多地晃动铃铛。为了确认游戏的效果,可以记录儿童在没有系铃铛时,在3分钟之内晃动手脚的次数,对比

如何 发展自闭谱系障碍儿童的认知能力

系上铃铛后3分钟内晃动铃铛的次数。

- 如果儿童不能自发地晃动手臂，成人可以辅助一下，晃动儿童的手臂使得铃铛发出声音。然后成人再观察儿童会不会自发地晃动手臂。

我们还可以这样玩！

- 对于年幼的儿童：成人也可以把一个玩具用绳子系在儿童的手腕或者脚踝处，当他动手臂或者腿时，玩具会移动然后出现在儿童的视线内，这样儿童就会明白动一动手臂或者腿玩具就会出现。玩具系在身上的时间不超过10～15分钟。成人需要观察儿童玩具系在身上和不系在身上，哪一种情况下他活动手臂和腿的次数多。当成人把玩具系在儿童身上时，成人一定要让他把注意力集中在玩具上。

🔔 **特别要注意的事情**

- 自闭症儿童通常会喜欢那些会旋转的玩具，可以给自闭症儿童提供那些需要手拨动才能旋转的玩具。
- 提供的玩具是儿童喜欢的可以有利于活动的开展，但自闭症儿童可能会存在兴趣狭窄的问题，所以，成人可能需要多次尝试才能发现什么样的玩具是容易引起儿童反应的。

掌握了吗？

- 玩那些会产生效果的玩具，至少3次让玩具产生一些效果。

72. 会玩手里的玩具（问题解决）

我们为什么这样做？

这个活动的目的是训练儿童能够玩几分钟放在手里的玩具。

> **儿童需要准备的**
>
> 能够记住一些玩具，并对一些玩具表现出偏好。
>
> **成人需要准备的**
>
> 一些儿童容易拿住的小玩具，而且儿童可以操作这些玩具，比如捏玩具使之发声。

开始玩吧！

- 让儿童待在一个容易活动的位置上，比如儿童专用的位子上，再用玩具吸引他的注意力。
- 放一个玩具到儿童的手里，然后观察他有没有去玩这个玩具。如果玩具掉下来，成人就再把玩具放回到他的手里，也可以在儿童眼前摇一摇玩具，或者和儿童说话让儿童注意玩具，再把玩具重新放在他手里。
- 如果儿童几秒钟后仍旧没有抓住玩具，成人就可以用自己的手拖住儿童的手，帮助儿童操作玩具。然后再尝试放开儿童的手,并去观察儿童。

我们还可以这样玩!

- 这个游戏在日常生活中随时都可以开展,也可以是在专门的游戏时间中,给儿童一个玩具,先让他自己玩,如果他不会,再教他玩。

🔔 特别要注意的事情

- 放在儿童手里的玩具最好是可以通过捏或者摇晃就会发出声响或者亮光的玩具,这样儿童容易继续玩下去。
- 这些玩具可以是儿童之前玩过的,并喜欢的。而且,在给儿童玩具之前,最好能够吸引他的注意力,特别是针对存在注意力问题的自闭症儿童。

掌握了吗?

- 儿童能够玩几分钟放在手里的玩具。

73. 努力拿到喜欢的玩具(问题解决)

我们为什么这样做?

这个游戏的目的是训练儿童能够通过自己的一些行为来拿到玩具。

> **儿童需要准备的**
>
> 辨认出自己喜欢的玩具。
>
> **成人需要准备的**
>
> 一些有趣的玩具或者日常用具。

开始玩吧!

- 在儿童够不到的地方放置一个物品,然后观察他的反应。
- 如果儿童看上去很苦恼或者马上失去了兴趣,成人可以操作让玩具发出声音或者亮光等来让玩具变得更有趣,并且也可以把玩具放得离儿童更近一些。
- 当玩具放在高的架子上时,成人可以鼓励儿童爬到椅子上拿,让儿童经过持续的努力有可能够得到玩具。玩具与儿童的距离越远,他花费的时间和努力就会越大。
- 有时也可以用一根绳子吊着玩具并摇晃让玩具动起来,这样儿童在试图拿到玩具时就需要付出更多的努力。

我们还可以这样玩!

- 在生活场景中,自然地开展这个游戏。
- 在儿童表现出想要某些放在他够不到的地方上的东西时,成人可以观察儿童会怎么做。
- 这些情况会经常发生在儿童的生活中,如果儿童正在尝试自己去拿到这些东西时,成人不要马上就去帮他拿。但为了避免挫折感,成人可以轻轻地把物品推到距离儿童更近的位置,或者用其他方式帮助儿童拿到他想要的东西但不要直接把东西给儿童。

🔔 特别要注意的事情

- 自闭症儿童可能会由于得不到想要的玩具而发脾气,这个时候就需要成人在适当的时候给予一定辅助,但是却不要总是直接帮儿童拿,而是要让他自己也付出一定努力才能得到玩具,这样儿童会知道因为"努力"才有玩具。

掌握了吗?

- 儿童经常表现出通过自己持续的努力而拿到一件他自己想要的东西。

74. 做鬼脸（问题解决）

我们为什么这样做?

这个活动的目的是训练儿童能够知道通过做鬼脸会让别人觉得有趣。

儿童需要准备的

能够做一些引人发笑的行为。

成人需要准备的

无

开始玩吧!

- 这个游戏是一个互动型的游戏,通过这个游戏可以帮助儿童建立与他人的沟通的意识。
- 当儿童在做鬼脸、拍手或者表现出其他有意义的行为时,成人都需要很快地用笑、欢呼或者模仿他的行为作为回应。
- 如果儿童并没有重复他自己的行为,那么成人可以对儿童说:"干得很棒!让我们再做一次!"有时候需要辅助而完成动作的重复。
- 如果儿童很少表现出这样的动作,那成人就需要多做出这样的动作,引发儿童的关注。

我们还可以这样玩!

- 对于自闭症儿童来说,形成沟通的意识是非常困难的,也是非常重要的。一开始他们都很难与成人形成互动,所以,需要成人去模仿儿童所喜欢的行为,比如敲打积木,嘴里发出"咕咕咕"的声音,先让儿童关注到你要和他沟通的意愿,然后,再慢慢形成沟通的形式,比如,要求成人敲 3 下,再让儿童敲。

🔔 **特别要注意的事情**

- 有些儿童最初对成人的回应会感到震惊,而减少或者拒绝重复刚才的行为。如果这样的情况发生,成人可以用无声的行为回应儿童的行为,但是要让儿童清楚地知道成人很喜欢他的行为。

- 自闭症儿童可能在模仿上存在一定的困难,不能够模仿大人的行为,大人可以模仿儿童的行为,培养起模仿的意识后,再让儿童模仿自己的行为。

掌握了吗?

- 在很多场合下,儿童会与别人进行互动,比如做引人发笑的行为。

75. 咚! 东西掉到哪里去了? (推理)

我们为什么这样做?

这个游戏的目的是训练儿童能够根据物体掉落的方位推理出物体现在的位置。

| 第三部分 | 让我们一起来促进儿童认知能力的发展

儿童需要准备的

从两侧有两个不同的声音时,能够向前或向后寻找声源或者伸手抓向任意一个声源的方向;能够看向或者伸手抓从视线中掉落并且发出声响的物体。

成人需要准备的

勺子、铃铛或者其他掉到地板上或儿童周围时会发出声响的物品;填充动物玩具或者其他柔软的玩具,这些玩具掉落时发出的声响很小。

开始玩吧!

- 把一个物体出示在儿童视线范围之内,让他将注意力集中在该物品上。让物品从他的视线中掉落,并且当物品掉落在地板上时能够发出足够大的声响让他能听得到,注意物体掉落时不要砸到儿童。

- 然后,观察儿童是否用视线去寻找物品或者伸手抓向物品的方向。

- 如果儿童没有看向或者伸手抓向物品,成人可以尝试:

    (1) 再次给儿童出示一个物品,用它敲一下台子(或者儿童周围其他地方让之发出响声),然后再用物品敲一下地面,尝试这样做把儿童的注意力吸引到这里来。成人可以多重复几次这样的操作。

　　（2）成人把物品出示在儿童的视线以内，然后制造出一些响声去吸引儿童的注意力，然后缓慢地把物体移动到地板上（或者移动到儿童腰部的水平位置上），然后在此制造出声响。如果需要，成人可以辅助儿童去抓到这个物品，并且允许儿童玩一会儿该物品。经2~3次成人的示范之后，再次尝试让物品从该处掉下来。如果需要，成人可以帮助儿童把物品拿起来，并且把物品给儿童，让他玩一会儿该物品。

我们还可以这样玩！

- 当儿童坐着的时候是进行这个游戏的最好的时间，比如儿童吃饭和玩耍时。大多是儿童会很喜欢用视线寻找掉落的东西并且最终儿童会觉得弄掉物品而感到有意思。成人要注意观察儿童是否会用视线寻找或者伸手抓掉落的物品。
- 等到儿童能够用视线去寻找落在地上能够发出响声的玩具之后，成人将玩具替换成那些落在地上没声音的玩具，但是也要确保玩具是在儿童的视线之内落下的。

🔔 **特别要注意的事情**

- 自闭症儿童的注意力发展有一些问题，所以在进行此活动时可能需要成人去提醒儿童注意看着这个物品。

掌握了吗？

- 第一阶段：儿童经常能够表现出看向或者伸手抓向从视线

中掉落能够发出声响的物品。

- 第二阶段：儿童经常能够表现出看向或者伸手抓向从视线中掉落却不发出声响的物品。

76. 东西去哪儿了？（问题解决）

我们为什么这样做？

这个活动的目的是训练儿童问题解决能力的发展，当物品掉落到新位置时，儿童会向新位置移动。

> **儿童需要准备的**
>
> 眼睛看向或者伸手抓向从视线内掉落并且没有发出声响的物品。
>
> **成人需要准备的**
>
> 不同种类的有趣的玩具，玩具掉落或者滚动或者弹起来时会发出声响或者亮光，比如含有铃铛的小球。

开始玩吧！

- 在儿童的视线内出示一个玩具，确保儿童的注意力集中于此。
- 使玩具掉落，让玩具自由地滚动或者弹起来，但是保证玩具仍旧在儿童的视线范围以内。

- 如果儿童没有向四周看去或找玩具,成人可以引导儿童的注意力到玩具现在的位置,成人也可以和儿童说一些关于玩具滚动或者移动的话,比如:"看呀!小球跳起来啦,跳到这里啦!"成人也可以换别的玩具,比如更大一些的,或是掉在地上会发出更响亮的声响的玩具。

我们还可以这样玩!

- 在日常生活中,当玩具偶尔掉落时要注意观察儿童的表现。如果儿童没有向周围看去或走到玩具的新位置,成人常需要对儿童进行这个活动的训练。比如,把这个玩具拿起来出示给儿童看,然后再把玩具掉落一次。

🔔 **特别要注意的事情**

- 在进行这个活动时,成人需要注意所使用的语言。语言要更关注于"地点",比如"哦,它去哪里了?""是不是在椅子旁边?""也许在椅子下面。"

- 成人可以说给儿童听一些方位的名字,比如:下面,旁边,后面等。

掌握了吗?

- 当物品掉落或者滚到或者弹到一个新的位置时,儿童能够看向或者向那个位置移动。

77. 我要拿到玩具（问题解决）

我们为什么这样做？

这个游戏的目的是训练儿童体会到自己能够通过跨越障碍来最终获得玩具。

儿童需要准备的

能辨认出玩具，拿到玩具时会很高兴；能辨认出一些自己喜欢的玩具。

成人需要准备的

任何儿童喜欢的玩具，不同种类的容器。

开始玩吧！

- 设计一个情景，儿童可以看到他喜欢的玩具或者听到玩具发出的声响，但是他必须越过一些简单的障碍才能拿到玩具。比如，把玩具放在一个透明的塑料盒子中，或者藏在一个透明的盒子后面，这样儿童必须倒翻盒子或者打开盖子或者推开障碍物，才能拿到玩具。

- 如果儿童不能自发地越过障碍，成人可以为儿童示范怎么去越过障碍，或者手把手地教儿童。成人渐渐地减少对儿童的辅助。一旦儿童掌握了越过一种障碍的能力,就尝试给儿童设置其他的障碍。

我们还可以这样玩!

- 让这个游戏成为生活中的一部分,让障碍物一直存在儿童周围。观察儿童如何处理这样的情景。如果儿童没有尝试去跨越障碍或者儿童半途而废或者哭闹来请求帮助,成人可以鼓励儿童,或者示范及降低一些难度来帮助儿童。但成人不要替儿童完成这个任务。

🔔 **特别要注意的事情**

- 找到儿童喜欢的玩具,作为自然强化物,并且在游戏中注意及时提供辅助,以免让儿童体验到过多的挫折。

掌握了吗?

- 儿童能够跨越障碍去获得玩具或者其他想得到的物品,而且能够多次跨越不同的障碍。

78. 我会玩出多种花样! (问题解决)

我们为什么这样做?

这个游戏的目的是训练让儿童能够玩多种不同的玩具。

儿童需要准备的

儿童能辨认出玩具,拿到玩具时会很高兴,玩放在手里的玩具。

成人需要准备的

一些能产生效果的玩具,比如当挤压、拉、摇晃或者戳时会发出声音或者光亮的玩具。

开始玩吧!

- 出示给儿童一个玩具,玩具会因为不同的操作而产生不同的效果,比如拍它时会发光,捏它时会亮,或者出示2~3个玩具,每个玩具会制造出一种效果。

- 展示给儿童看怎么让玩具产生一种效果,然后让儿童独立地玩这个玩具。

- 如果儿童没有模仿成人去让玩具产生效果,成人需要再次示范,或者手把手地教儿童操作玩具,比如去按按钮。

- 一种玩具效果经过多次试验后,展示给儿童如何操作玩具让它产生另一种效果,或者操作另一种玩具。如果儿童不能自发地操作玩具,成人需要手把手地教。

我们还可以这样玩!

- 观察儿童在日常生活中玩各种能产生效果的玩具的情况。

儿童是否操作那些玩具让玩具发出声音或者发光？儿童是否会尝试操作新的玩具或者物品？

🔔 **特别要注意的事情**

- 当儿童尝试用对玩具进行不同的操作时，成人要对儿童的成功表现出兴趣和兴奋。成人也可以模仿儿童对物体进行操作。

- 成人对儿童的能力应该有所了解，选择那些儿童能够进行操作的玩具。成人可以选择多种活动而且活动能够针对儿童较弱的能力。

- 自闭症儿童可能会执著地喜欢某一个玩具而忽略其他玩具，所以为了发现更多种的儿童喜欢的玩具，可以出示一些儿童并未见过的玩具，让儿童玩。

掌握了吗？

- 儿童能够玩不同的玩具，让玩具产生有趣的效果。

79. 修理玩具（问题解决）

我们为什么这样做？

这个活动的目的是训练儿童能够知道通过自己的努力也许可以让玩具重新动起来。

> **儿童需要准备的**
>
> 操作玩具,使之发出声音或者亮光或者其他效果。
>
> **成人需要准备的**
>
> 有可活动部分的玩具,那些通过拉或者推可以让玩具动起来的玩具,或者其他有趣的玩具。

开始玩吧!

- 这个活动的目的是去观察当玩具突然停止工作或者没有按照儿童预期的那样去工作时,儿童会怎么办。

- 成人可以拿走玩具里的电池或者把玩具的两个部分合并在一起。当玩具没有按照儿童预期的那样工作时,儿童可能会去增加操作玩具的频率,或者更用力地操作玩具,或者儿童会摇晃它,或尝试另一种操作。

- 如果儿童没有表现出想使玩具重新工作的愿望,而且儿童也不哭闹而是把玩具放在一边,成人可以对儿童说:"这个玩具不动啦,可能它没有电了,我们一起给它换个电池",成人也可以试着告诉儿童,当玩具不能正常工作,他可以尝试着对着玩具做其他的操作。

我们还可以这样玩!

- 成人可以尝试创造一个环境,在这个环境中成人可以对儿童

如何 发展自闭谱系障碍儿童的认知能力

玩玩具的方式进行干涉,然后来观察儿童是怎么处理这个环境中的问题。比如,儿童可能喜欢用玩具敲台子,从而制造一些声音,成人可以在台子上铺上毯子,这样儿童就不能制造出同样的声音了。成人可以在一边观察儿童会怎么做。

- 自闭症儿童可能会因为玩具不工作了而发脾气,或者不理这个玩具,这个时候成人就应该在环境中不要放置过多的玩具,将儿童注意力集中在这个玩具上,还有需要在必要时提供帮助,避免儿童发脾气,但是不要完全代办,而是提供帮助。

🔔 特别要注意的事情

- 问题解决能力的培养最好是在自然的问题情景中。当儿童表现出去尝试让玩具继续工作时,成人需要给予鼓励的持续的表扬。

掌握了吗?

- 在玩具不工作时,儿童会增加操作玩具的频率或者尝试另一些操作让玩具工作。在不同的场合下,针对不同的玩具,儿童都能表现出这样的能力。

80. 扔进去和拿出来(问题解决)

我们为什么这样做?

这个游戏的目的是训练儿童能够把玩具扔到盒子中,并且也能从盒子中把玩具拿出来。

儿童需要准备的

将完全藏起来的物体找出来。

成人需要准备的

不同种类的小玩具,顶部有洞的容器(比如顶部有一个或者多个洞的玩具箱,形状盒子,装食品的圆形桶)。这些容器顶上的洞要足够大以便让玩具可以顺利地掉下去。而且容器应该不透明,在玩具掉进去后看不到玩具的位置。

形状盒子指盒子的顶部有各种形状的洞,比如三角形、圆形、正方形,然后儿童可以将配套的各种形状的集合图形玩具通过形状的配对而扔进盒子中。

开始玩吧!

- 玩这个游戏的目的:让儿童知道,把一个物品扔进盒子中后,即使看不到这个物品了,但是物品依然存在,而且儿童自己也可以把它重新拿出来。

- 把一个或多个玩具从盒子顶部的开口处扔进去,一边扔一边说:"玩具去哪里了呀?"然后等待儿童的反应,看看儿童是否去举起盒子,打开盖子,或者用其他合适的方式把玩具拿出来,来表示儿童知道玩具在哪里以及怎样把玩具拿出来。

如何 发展自闭谱系障碍儿童的认知能力

- 如果儿童不想去把玩具找出来，成人可以示范给儿童看如何把玩具拿出来。

- 成人可以和儿童比赛把东西扔进去时，同时也可以教儿童什么是"下面""上面""里面""外面"等词语的含义。

我们还可以这样玩！

- 可以让儿童把一些容易发现的、重量较重的物品扔进放有很多废纸箱中，玩具就会藏在废纸的下面，儿童再去把玩具找出来。

🔔 **特别要注意的事情**

- 尽管"形状盒子"是很适合玩这个游戏的玩具，但是由于形状盒子要求儿童进行形状的匹配，这形状匹配正确的玩具才能掉到盒子中去，所以会给一些儿童造成操作困难。成人也可以自己做盒子，一开始盒子只有一个洞，这样儿童就可以不用去匹配玩具的形状和区别玩具的大小。

掌握了吗？

- 许多场合下，当儿童把玩具通过容器上的洞扔进容器中后仍能把玩具重新找出来。

81. 玩具躲在哪里？ （问题解决）

我们为什么这样做？

这个游戏的目的是训练儿童能够从不同障碍后面拿回玩具。

> **儿童需要准备的**
>
> 跨越障碍去获得玩具或者其他想得到的物品,儿童能够多次地跨越不同的障碍。
>
> **成人需要准备的**
>
> 儿童生活环境中常见的不同种类的障碍,比如半开的门,装上软垫的扶手椅,卡片柜,有盖子的盒子等;许多玩具,包括一些儿童很喜欢的。

开始玩吧!

- 展示一些儿童很喜欢的玩具,让儿童的注意力集中在玩具上。

- 成人可以说:我们今天和玩具来捉迷藏,比如:"这里有个小兔子!""小兔子走啦!(配合把玩具放在障碍物后方)""小兔子在哪里啊?""我找到小兔子啦!你能找到吗?"

- 当儿童看着玩具时,把玩具放在一个障碍物的后面。一开始障碍物离儿童的距离要近,让儿童能够看到伸手抓到后面的玩具。

- 如果儿童没有伸手拿障碍后面的玩具或者为了得到玩具而去移动障碍物,成人需要演示给儿童看怎么做。

发展自闭谱系障碍儿童的认知能力

我们还可以这样玩!

- 在和儿童一起玩的时候就可以寻找适当的时机来玩这个游戏,用他身边玩具试一试。可以用家具、杂志、窗帘或者其他在手边的东西来当障碍物。活动中使用的材料越多,儿童就更容易形成一种概念:即我可以把藏在后面的玩具找回来。

- 在儿童熟悉了游戏之后,成人可以和儿童轮流进行藏玩具的游戏,不过这个难度更高一些,对自闭症儿童更有困难,一开始成人可以辅助儿童,一位成人和儿童一起藏,然后另一位成人进行"寻找"。

🔔 **特别要注意的事情**

- 进行游戏时,注意要先让儿童看到玩具藏在哪里了,然后再让他找。一开始要确保儿童知道玩具被藏在哪里了。

掌握了吗?

- 儿童能从不同种类的障碍物后面拿回不同的玩具,而且当儿童面对一个之前没有遇到的障碍和玩具时也能表现出这样的能力。

82. 把玩具拉出来! (问题解决)

我们为什么这样做?

这个游戏的目的是训练儿童能够把玩具从障碍物后面拉出来。

> **儿童需要准备的**
>
> 能从一个障碍的后面拿到玩具。
>
> **成人需要准备的**
>
> 许多带有拉绳的玩具,比如有尾巴的填充玩具,可以拉的玩具等。

开始玩吧!

- 出示一个玩具给儿童看,保证儿童的注意力集中在玩具身上而且对这个玩具有兴趣。

- 把玩具放得稍微远离儿童能拿到的范围,然后示范通过拉玩具上的绳子(玩具的尾巴等)可以拿到玩具。

- 然后再把玩具放到原来的位置,而把绳子的另一头放在儿童的手边。等待并且观察儿童有没有通过拉绳子来得到玩具。

- 如果儿童没有这么做,用动作提示儿童去拉绳子,然后让儿童玩玩具。

- 当儿童看着玩具时,把玩具放在一个障碍物的后面,比如放在门后,或者家具的后面,一个打开的盒子的里面或后面等,而与玩具相连的绳子的一头放在儿童的旁边。

- 观察儿童是不是会通过拉绳子来得到玩具。如果儿童没有拉绳子,成人就把玩具拉过来给儿童,让儿童玩一会儿。在这个过程中,成人要和儿童说一说刚刚发生了什么,比如,玩具去哪里啦?是不是在门后?你能拿到玩具吗?

我们还可以这样玩!

- 当儿童在玩一个有拉绳的玩具或者其他玩具时可以进行这个游戏,成人暂停和儿童一起游戏几分钟,用一本杂志或者盒子的盖子或者旁边的家具来当一个障碍物。大多数儿童会喜欢"掩藏"游戏,会很好地回应成人,即使这个游戏会打断一会儿刚刚的活动。

特别要注意的事情

- 需要选择儿童喜欢的玩具,从而可以确保儿童理解通过拉动绳子可以把玩具拉过来,而不是只是练习拉绳子。

掌握了吗?

- 儿童通过拉与玩具相连的绳子而从一个障碍物的后面重新拿到玩具。在面对许多不同的障碍和许多不同的玩具时儿童也能做到。

83. 玩具藏在后面啊! (问题解决)

我们为什么这样做?

这个游戏的目的是训练儿童能够自己走到障碍物的后面拿到

玩具。

> **儿童需要准备的**
>
> 能从一个障碍的后面拿到玩具。
>
> **成人需要准备的**
>
> 儿童生活环境中常出现的不同种类的障碍物,比如家具、门、窗帘、盒子等;许多有趣的玩具。

开始玩吧!

- 当儿童在看一个他喜欢的玩具时,把这个玩具放在一个障碍物的后面,儿童需要走过去绕过障碍物才能拿到玩具,比如,一个玩具掉到椅子的后面或者扔到门的后面等。
- 如果儿童没有走过去绕过障碍物去得到玩具,成人可以走过去绕过障碍物并叫儿童过来,对他说:"玩具就在这里。"
- 成人也可以把玩具移动到儿童的视线以内,从而吸引儿童的注意力,然后再把玩具放在障碍物的后面。

我们还可以这样玩!

- 观察儿童每一天的游戏,看看当玩具在障碍物的后面或者下面时,儿童会怎么做。

🔔 **特别要注意的事情**

- 这个游戏是培养儿童的知觉恒常性,即物体看不见了,但是

如何发展自闭谱系障碍儿童的认知能力

并没有消失,如果儿童没有发展好知觉恒常性,需要对儿童进行引导,引导他发现玩具只是"躲起来"了,可以找到。

掌握了吗?

- 儿童每次面对一个不同的障碍,至少能够完成两次去移动自己绕到障碍物的后面得到玩具,比如快速地走到一个家具的后面或者绕过障碍得到玩具。

84. 帮我修修玩具吧!　(问题解决)

我们为什么这样做?

这个活动的目的是训练儿童能够在玩具不工作的时候向他人求助。

儿童需要准备的

无

成人需要准备的

一些能够由开关控制发出有趣的声响或者光亮的玩具。

开始玩吧!

- 这个游戏和第36个游戏的区别在于,第36个游戏强调儿童能够知道什么是自己干不了的,而这个游戏是强调儿童遇到了一个现实的问题，比如玩具坏了。

- 很多时候自闭症儿童是不会求助的，而这个游戏是训练儿童学会这个技能。

- 选择一个对儿童来说可能有点难度的玩具，比如需要打开开关才能玩的玩具。

- 展示给儿童看如何玩玩具，比如，让玩具小车动起来与停下来。当小车停下来时观察儿童的反应。如果儿童没有兴趣了，就再给出一个新的玩具，让玩具做更多的有趣表现，让儿童对这个玩具产生兴趣。

- 当玩具停止工作时，观察儿童是否会拿起玩具并尝试让它重新工作，但是玩具还是没有继续工作，或者如果儿童哭闹，成人就可以伸出手对儿童说："你需要帮助吗？"然后让儿童一直看着你是如何重新让玩具启动的。当玩具再次停止工作时观察儿童的反应。

- 如果儿童没有去模仿并重新启动玩具，可以手把手地演示给儿童看应该怎么操作。当玩具再次停止工作时，鼓励儿童自己尝试重新启动玩具。如果儿童不成功，就再次给予儿童帮助并且辅助儿童。

我们还可以这样玩！

- 日常生活中儿童经常会遇到问题，这就是训练儿童请求大人帮助的最好机会。成人应该注意不要事先就排除儿童生活

如何 发展自闭谱系障碍儿童的认知能力

中的困难,或是简单地帮儿童把问题解决,可以在这个时机先教儿童如何求助,再演示给儿童看怎么解决问题,并鼓励儿童也可以试着做一做。

- 如果儿童没有成功,在必要的时候手把手地辅助他,让儿童也觉得他能成功地完成任务,而且他能感到完成任务时的自豪感。

🔔 **特别要注意的事情**

- 这个游戏可以教会儿童遇到问题可以求助大人,而对于自闭症儿童,因为普遍缺乏社交技能,所以可以通过这个"求助"的活动,进行社交能力的训练。一开始儿童可能不会求助,换另一个玩具去玩,所以需要成人及时介入,告诉儿童:"这个东西不能玩了,但可以来找大人帮忙。"
- 尽量选择儿童喜欢的玩具,这样儿童会更有动机来寻求帮助。
- 成人在儿童遇到困难时,要在儿童表达出沟通的意愿之后再给予提示,而不是事先就排除儿童可能遇到的困难。
- 对于自闭症儿童,可能语言能力有限,他们可以通过其他方式进行求助,比如,进行图片沟通系统的训练,专门有一张图片表示求助。

掌握了吗?

- 在许多时候,儿童会请求一位成人来帮助自己让玩具重新工作,比如拿着玩具放在大人的手里,或者在大人和玩具之间来回地看,从而表达出希望大人帮忙的意思。

85. 解决小问题(问题解决)

我们为什么这样做?

这个活动的目的是训练让儿童通过玩玩具学会解决一些简单的问题。

儿童需要准备的

无

成人需要准备的

一些不同种类的玩具;许多容器。

开始玩吧!

- 这个游戏是训练儿童学会解决一些简单的问题,比如打开盒子、拉开抽屉等。

- 拿出一个新的装玩具的盒子或者容器,然后也会给儿童制造出一些问题,比如,把玩具藏在抽屉里,或者把玩具装在盒子里并盖上盖子。

- 让儿童去找玩具,观察儿童会不会自己解决这些问题,也可以在必要的时候提供帮助。

- 仔细地选择材料,让活动材料适合儿童的感知觉和认知能力。和儿童玩一会,然后给儿童出示一些任务,但是不要太在意你自己的行为,然后让儿童自己玩,你在一边观察,而且要很自然地回应儿童想让你一起玩的要求。鼓励儿童自己去发现问题,但是在必要的时候给予一些帮助从而避免儿童受挫。观察儿童自己解决简单问题的行为。比如拉开抽屉去拿东西,打开各种盖子去拿盒子里的东西,走完一个简单的迷宫。

我们还可以这样玩!

- 很多儿童都希望去拉开抽屉、打开工具箱、壁橱等,因此在确保儿童安全的前提下,允许儿童做一些探索。成人也可以观察儿童解决问题的技能。

🔔 **特别要注意的事情**

- 在生活中给儿童制造一些困难,而不用事事都为儿童考虑周到,可以让儿童自己去找想要的玩具,成人可以在必要时提供辅助。

掌握了吗?

- 儿童能自己解决一些简单的问题,比如打开一个不熟悉的盒子去拿到东西,让一个新的玩具工作,找到办法去得到一个

第三部分 | 让我们一起来促进儿童认知能力的发展

够不到的玩具等。

86. 我能拿到高处的东西！（问题解决）

我们为什么这样做？

这个活动的目的是训练儿童能够自己想办法去解决空间限制的问题，比如拿到高处的东西。

> **儿童需要准备的**
>
> 会使用棒子等工具。
>
> **成人需要准备的**
>
> 小钉子，扫帚，圆环，椅子等；一些不同种类的玩具。活动中用到的玩具是家庭中可以拿到的。

开始玩吧！

- 让儿童遇到一些受到空间限制的问题，比如把玩具放在儿童够不到的架子上，同时为儿童提供许多种的工具让他使用从而解决问题。比如，鼓励儿童玩一些积木和几个小耙子，向儿童演示是怎么用耙子把玩具拿到身边的。
- 几分钟后，成人"偶然地"把一块积木和其他玩具移动到儿童够不到的地方，比如椅子底下或者家具底下，然后说："我不

如何 发展自闭谱系障碍儿童的认知能力

能够到玩具了,我们怎么做才能够到玩具?"

- 如果儿童没有解决这个问题,可以给儿童提供一些建议或者提供动作上的帮助,从而使他能够解决这个问题。成人不要替代儿童去解决问题,而是要鼓励他们自己去解决问题或者只是给儿童提供一些建议或者线索去解决问题。比如,如果儿童尝试去拿那些距离太远的东西,成人可以拿着棒子或者其他东西说,"用它可以吗?"

我们还可以这样玩!

- 当儿童在日常生活中遇到受到空间限制的问题时,观察儿童的反应。成人可以给儿童一些线索或者建议去帮助儿童解决问题。同样,成人也可以示范如何解决生活中的这些问题。比如,当成人要同时拿很多东西,并且要保证东西不掉下来时,就可以把东西放在一个包里。或者,当成人够不到架子的最高一层时,可以搬个椅子过来,站在椅子上去拿东西。当成人做这些活动时,向儿童描述你在做什么,为什么要这么做。

- 这个活动穿插在与儿童做其他游戏的时候,成人可以故意把玩具扔到很远的地方。

🔔 **特别要注意的事情**

- 在儿童在使用工具拿东西时,需要保证儿童的安全。
- 有时候自闭症儿童会因为拿不到喜欢的玩具而发脾气,这个时候需要成人注意及时提供辅助。

掌握了吗?

- 在没有语言或者动作提示下,儿童能自发地使用一样工具去解决一个或者很多个空间限制的问题。

87. 玩具玩具,动起来(问题解决)

我们为什么这样做?

这个活动是训练儿童能够自发地去操作玩具,让玩具工作。

> **儿童需要准备的**
> 儿童会玩带有按钮或其他开关的玩具。
>
> **成人需要准备的**
> 一些不同种类的玩具,玩具需要通过按按钮、拉绳子或者开开关才能玩。确保儿童已经掌握了玩这些玩具的方法。

开始玩吧!

- 当成人把一个新的需要儿童开开关的玩具给儿童时,成人可以展示给儿童看应该怎么做来让玩具工作。
- 如果儿童不能模仿成人的样子去操作玩具,就手把手地教儿童如何操作玩具。

- 当儿童对这个玩具没有兴趣时，就展示另一个有不同玩法的玩具给儿童看，示范给儿童看要怎么操作玩具，帮助他去玩玩具。

- 有时候让儿童独立地玩玩具，看他是不是能够自发地让玩具工作起来。

我们还可以这样玩！

- 当儿童第一次注意到一个玩具时，观察儿童是怎么操作玩具让玩具工作起来的。

- 观察儿童是否对电视的按钮或者其他电子设备的按钮感兴趣。对于这些按钮的兴趣是有时候因为想知道这些设备如何工作，儿童可能会乱按，这个时候成人最好不要去惩罚他。成人可以把遥控器放进箱子里，然后教儿童认识遥控器，让他知道哪些按钮是可以碰的，哪些是不能碰的。

🔔 **特别要注意的事情**

- 儿童可能会很喜欢那些容易操作的玩具，而且喜欢重复玩，成人可以通过这个游戏来发现儿童喜欢的玩具。

- 有些自闭症儿童可能会对一些按钮过分地喜爱，比如一定要自己按电梯的按钮、微波炉的按钮等，但刻板地喜欢按这些按钮和这个游戏中的按按钮是不同的，这个游戏是希望儿童能够知道通过按按钮可以让玩具动起来，而不是单纯地按按钮。

掌握了吗?

- 儿童会按要求玩玩具,通过按按钮、拉绳子或者其他操作让玩具工作。

88. 车子滚下来了(推理)

我们为什么这样做?

这个活动是训练帮助儿童建立起简单的逻辑推理能力,能够理解日常生活中常见的因果关系。

儿童需要准备的

无

成人需要准备的

空的礼物盒子、小玩具、管子、广口瓶的盖子等。

开始玩吧!

- 把一些常见的家具用品收集起来,比如空盒子、盖子、罐子等。
- 成人把一辆玩具车放进板子上,当板子倾斜在某个角度时,车子就会从板子上滑下来。
- 在儿童面前玩这个游戏,让儿童自己去探索和玩这些东西。

如何发展自闭谱系障碍儿童的认知能力

观察儿童是不是会模仿成人的行为,或者会不会尝试更多种的玩法。

我们还可以这样玩!

- 给儿童洗澡时,给儿童展示:重的玩具会沉下去,而轻的东西会浮起来。提供给儿童更多的玩具让他自己玩,给他更多实验的机会。比如,积木、小车、纸做的管子、不同大小的盒子。

- 当儿童一个人玩或者和别人一起玩时观察儿童,观察儿童在活动中有没有表现出以前学习过的那些因果关系的概念。

- 在集体环境中,当外出散步时,可以让儿童收集一些石头、小木棒或者树叶,把这些东西一个一个地放进水里,来看一看哪些是会浮起来,哪些是会沉下去。也可以让每个儿童带来一样东西来展示给其他同学看这样东西是怎么工作的,鼓励成人去提供一些完整的家具用品让儿童做实验,比如用打蛋器打水,在水里放了一些肥皂粉,水会产生很多的泡泡。

🔔 **特别要注意的事情**

- 自闭症儿童可能会难以形成正确的因果逻辑关系,所以通过这个游戏可以培养儿童一些因果关系。成人需要在示范和儿童操作的时候,向儿童解释因果关系,因为……所以才会这样。

掌握了吗？

- 儿童用一些材料或者物品进行实验，很多时候儿童也能在表面上理解这些东西是怎么工作的。

89. 按大小来排队（问题解决）

我们为什么这样做？

这个活动的目的是训练儿童能够学会按照大小给物品排序。

儿童需要准备的

将物体根据物体的大小进行分类。

成人需要准备的

嵌套杯（6个或者更多），一套5～6个有大小顺序的积木，能堆在一起的圆环，只有按照正确的顺序才能堆起来的圆环。

开始玩吧！

- 给儿童出示一系列的嵌套杯，展示给儿童看是怎么把他们按照大小顺序套在一起的。然后，把杯子一个一个拿出来，递给儿童，看儿童是不是会马上把他们按照大小套在一起。

- 成人不用马上提供帮助，可以观察儿童是怎么独立进行这个游戏的。如果儿童表现出了受挫的样子，成人可以拿出放错的杯子。如果儿童愿意就让他继续去玩这个玩具,但也不要勉强儿童一定要玩。

- 当成人示范玩这个游戏时,多说一些包含"大小"的词语去强调正在进行的操作,从而帮助儿童掌握大小的概念。比如,这个放在这里就太大了,把小的放在最后。

- 让儿童很容易拿到这些玩具,让儿童自己去探索当他对这些感兴趣时。很多儿童发现这类排序的游戏对自己是有难度的,而且当他们最终掌握了这些游戏时他们会非常高兴的。

我们还可以这样玩!

- 和儿童一起堆积木。堆积木的时候是把最大的积木放在最下面,最小的积木放在最上面,把积木推倒,然后鼓励儿童也去堆积木。

- 如果儿童没有完全按照大小顺序来打,不要急于矫正儿童,因为,也许只有当积木倒了之后,儿童才会发现积木的大小顺序。成人需要鼓励儿童去注意积木的大小,或是提示儿童,"找到最大的那个,然后把它放在最下面。"

- 在生活环境中寻找机会去帮助儿童关注事物的大小。比如,当排放物品时,把大的罐头放在最下面,小的罐头放大的罐头的上面。在其他时间,可以问儿童两个罐头哪个放在上面哪个放在下面?

- 当儿童尝试把某些物品放入一个太小的容器中时,给儿童一个大一些的容器,或许可以帮这小的容器放入那个大的容器中。

🔔 **特别要注意的事情**

- 对于大小的排序,可以先出示 3 个物品,然后进行大小排序,先让儿童形成大小排序的意识。
- 排序的时候,应该先向儿童明确顺序,即从左边开始,从大到小。

掌握了吗?

- 在没有帮助的条件下,儿童能够按照大小至少排列 4 个物品。

90. 展示玩具的玩法(问题解决)

我们为什么这样做?

这个游戏的目的是训练儿童能够独立探索出玩具的玩法。

儿童需要准备的

对于那些要求按按钮、拉绳子或者开开关才能玩的玩具,儿童能够自己独立玩。

成人需要准备的

一些有开关的玩具。

发展自闭谱系障碍儿童的认知能力

开始玩吧!

- 给儿童展示一些新的玩具或者物品,允许儿童自己去探索这些东西。如果儿童请求帮助,就让儿童自己去探索怎么玩。
- 当儿童操作物品或玩具取得了成功,成人要表扬儿童,并且让儿童展示出他是怎么做的。

我们还可以这样玩!

- 观察儿童应该是贯穿于每一天的生活中的。观察儿童是怎么操作玩具或者其他物品的。他是不是马上拿着玩具去问其他人应该怎么操作?或是他开始自己去探索怎么操作它们?如果他马上来寻求帮助或让大人示范,不要马上示范给他看,而是提供建议或者鼓励他自己去做更有效的探索。
- 偶尔给儿童出示一些家里常用的物品,这些物品没有危险,看一看儿童会怎么操作,比如,打蛋器、钳子、蒜臼和手电筒等。也可以提供一些机会让儿童去玩橡皮泥或者其他手工材料,鼓励儿童去探索。
- 鼓励儿童展示给其他人看,他是什么玩玩具的。

🔔 特别要注意的事情

- 好奇心较强的儿童会愿意去探索或者使用那些对他们来说有危险的东西。所以,重要的是避免惩罚儿童的探索,但是要教他们什么东西是危险的,是不能碰的。

- 成人应该尝试避免示范给儿童看如何操作这个玩具或物品，这样儿童能独立地去探索如何操作玩具。
- 同时也要注意不要让儿童受挫，提供足够的帮助让儿童感到他是成功的。

掌握了吗？

- 在很多场合下，儿童能够独立探索物品来让这个物品工作，并且(或者)展示给其他人看是怎么让这些物品工作的。

91. 说出"为什么"（推理）

我们为什么这样做？

这个活动是训练儿童形成简单的推理能力，让儿童能够知道一些事情之间的因果关系。

儿童需要准备的

儿童用一些材料或者物品进行实验，在不同场合下，尝试去理解这些东西是怎么工作的。

成人需要准备的

无

如何 发展自闭谱系障碍儿童的认知能力

开始玩吧!

- 当和儿童互动时,问儿童一些"为什么"的问题,比如,为什么我们要穿鞋子?为什么我们要有炉子?为什么我们有眼睛?

- 如果他不回答,就告诉他答案,然后再问这个问题。接着转移到其他问题。

- 几天后,再问儿童相同的问题,看看儿童是否记住了答案,也可以问一些新的问题。

- 如果问题是关于儿童正在玩的玩具或者正在发生的事情会更好,比如,如果是个下雨天,就可以问儿童,"为什么我们要用雨伞?"

我们还可以这样玩!

- 在日常生活中和儿童说一说有关事物因果关系的句子。比如,在给儿童提要求时,同时也提供一些原因,比如:为了保暖,你需要穿靴子,因为外面又冷又湿。当儿童开始问"为什么"时,提供给儿童一个答案。

- 有时候,成人要自问自答,来给儿童做一个示范,比如,为什么我们要喝牛奶?因为我们要长得更强壮。然后渐渐地开始问儿童"为什么"和"为什么做……"的问题。

- 在要求儿童遵守家里或是学校的一些规定时,就可以去告诉儿童"为什么"和"为什么做……"

🔔 特别要注意的事情

- 不要去问儿童做某事的动机,比如,为什么你打了你妹妹?或者为什么你把颜色弄到墙壁上?儿童一般不理解他们自己的行为动机。这个活动的目的是去鼓励儿童更多地了解他们周围的世界,形成简单的因果关系。

掌握了吗?

- 儿童能够正确回答一些"为什么"和"为什么做……"的问题。

92. 哈哈,你做错了! (推理)

我们为什么这样做?

这个活动的目的是训练儿童能够发现并指出生活中或是图片中不符合常理的情况。

儿童需要准备的

熟悉日常生活中常见的事件。

成人需要准备的

一些有趣的玩具,有趣的图片或有不常见物品图片的书,典型的家具用品或者学校教室用品。

如何发展自闭谱系障碍儿童的认知能力

开始玩吧！

- 成人可以故意做错一些事情或者做一些不符合常理的事情，看儿童会不会注意到。比如，给儿童一个面朝下的盘子，然后表示出想给他盛东西吃；故意穿上儿童的衣服，戴上儿童的帽子等。

- 如果儿童注意到这些错误，无论是指出错误，或是大笑，或是说："哦，这很有趣，但是我不会这么做。"如果他没有注意到这些错误，就指出这些错误，也可以嘲笑一下自己。

- 当成人和儿童一起读书时，谈谈书上的图片，尝试去发现意料之外的或者不符合常理的图片。

我们还可以这样玩！

- 经常和儿童一起因做错某件事情而笑，比如当成人倒水时把水洒出来，就指出这些错误，并且对儿童说："我把水洒出来了呀。"也可以这样说一说儿童做的傻事或是错事，比如，"这么大的积木是塞不进这么小的洞！"

- 要让儿童清楚地知道成人也会犯很傻的错误，也可以嘲笑一下这些错误。这样儿童也会接受他自己犯错误做一些傻事。儿童也能够更加注意他看到了什么有趣的或者愚蠢的事情，他做了什么傻事，也会思考怎么把事情做好。

- 在教室里，和一群儿童一起玩，让他们去发现什么事情是错的或者愚蠢的。成人可以拿出一些玩具出来，每次出示 2～

3个玩具,成人可以故意进行错误的操作,然后让儿童去发现错误。比如,抱着娃娃,做出要喂娃娃吃奶的样子,但是却是自己去吃奶;把玩具牛放在小车的驾驶座上,而把司机放在后面位子上。

- 要把幽默感带入教室里,在他们自己或者别人犯错时会哈哈大笑一番,但要保证让儿童知道这样和嘲笑或者取笑别人是不一样的。

特别要注意的事情

- 注意让儿童发现成人的错误,而不要让儿童去模仿这些错误,所以,如果儿童没有发现错误,一定要告诉儿童哪里出错了,正确的样子是什么。
- 自闭症儿童可能容易出现完美主义的倾向,很多事情都会要求做到最好,如果没有做好,可能就会发脾气。这个活动可能会有助于让他们去接受每个人都可能会犯错。
- 也可以和儿童一起玩"猜一猜,哪里出错了"的游戏,用玩具做一些不常见的活动,然后问儿童,这样是不是很傻,很有趣?比如,让娃娃头朝下地坐在凳子上。当儿童发现成人错了的时候,让儿童来改正这些错误。
- 给儿童读故事时,当故事中出现一些荒谬的图片,让儿童指出那些不合理的地方。

掌握了吗?

- 儿童能指出愚蠢的或者错误的图片及事件,儿童可能会指出错误,大笑,说一说错误表现等。

93. 工具配对（推理）

我们为什么这样做?

这个活动的目的是训练儿童让它们理解哪些工具是一起使用的,也让儿童能够了解工具的一些功能。

儿童需要准备的

儿童能够独立地探索物体去发现它们的功能并且(或者)展示给其他人看这个玩具是如何工作的(如何使用)。

当儿童被问到"为什么"时,至少说一个正确的答案,比如,为什么我要用雨伞。

成人需要准备的

一起使用的物品,比如锤子和钉子,针和线,鞋子和袜子。

开始玩吧!

- 在儿童面前先出示4~5样物品,再拿出一样物品,让儿童从之前的那些物品中选出一个物品是与它共同使用的。比如，出示钉子、电脑、照相机、锅的图片，再出示锤子的图片，让儿童选择哪一张是与锤子一起使用的。

- 如果儿童没有选对，先不要告诉他选错了，先问他为什么选这个，这样可以帮助成人理解儿童的思考过程。
- 如果儿童说："因为这两张有相同的颜色，所以选择这两张。"那成人就可以根据儿童说的回应儿童："你可以这么说，它们可以配对，因为颜色一样，但是我想还有一个物品是可以和它一起使用的，它们也可以配对，你能找到吗？"如果儿童还是不知道应该怎么配对，成人可以告诉儿童哪两张可以配对以及配对的原因。

我们还可以这样玩！

- 在日常生活中就可以进行这个活动。比如，当成人在缝衣服的时候，让儿童把针线拿过来，或者当要用钉子固定某物时，让儿童把锤子拿过来。
- 在儿童面前展示3~4样物品，然后对儿童说："我要用……（锤子），哪一个是和（锤子）一起使用的呢？"
- 在教室里，收集一些物品，发给每个儿童一种，然后让他们说一说这个东西是什么。如果儿童说不出，就让其他儿童告诉他。然后出示与之配合使用的物品，让儿童去找出和自己拿的物品配合使用的物品，比如，针和线，锤子和钉子，瓶子和盖子,食物和盘子。

- 把那些配对使用的物品都分给儿童,通过"找朋友"的游戏,让儿童去找与他手里的物品相配的其他物品。

🔔 **特别要注意的事情**

- 有些工具可能是儿童不常用的,比如钉子和锤子,锅和铲子等,如果儿童不熟悉这些物品,成人可以先告诉儿童这些物品的功能。所以,在进行游戏前,需要先保证儿童知道游戏中这些工具的功能。

- 在日常生活中,常常告诉儿童一些工具的功能,或是配套使用的工具。

掌握了吗?

- 儿童能将一些共同使用的日常物品进行配对。

94. 卡片宝宝排队(推理)

我们为什么这样做?

这个游戏的目的是训练儿童能够发现事物的一些简单规律,形成一些推理能力。

> **儿童需要准备的**
>
> 按照两个维度进行分类(比如,红色的大的圆形分一类)。
>
> **成人需要准备的**
>
> 不同形状或颜色的积木,2～3种颜色的纸片,方形或者圆形的不同颜色的纸片。

开始玩吧!

- 告诉儿童,我们要玩一个排顺序的游戏,让儿童跟着你排的顺序接着排下去。比如,把5个红色积木和5个蓝色积木放在台子上,然后把积木在台子上排成一排,可以按一个红色一个蓝色一个红色一个蓝色的顺序排好,然后让儿童猜一猜下面要排哪一个。

- 如果儿童选择蓝色的积木,就问儿童为什么选这个?然后向儿童解释你的顺序是一个红色一个蓝色,所以下面一块是红色的。然后再用红色和黄色的积木试一试,也可以用2种不同颜色的纸片进行游戏。

- 当儿童能在2个颜色相间的顺序中回答出下一个颜色是什么,就让儿童接下去完成排序,直到积木全部用完。

我们还可以这样玩!

- 当儿童完成后,让儿童尝试用不同形状的纸片排成某一个顺序让儿童接下去排序。比如,一个圆形一个方形一个圆形一个方形(这些图形都是同一个颜色的)。

- 当儿童能够很好地完成两种颜色的积木的排序后,可以用3种颜色或者形状的积木或者纸片来排序,以增加难度。当儿童出错时,就问儿童为什么选这个,这样可以理解他的思考过程,这样有助于成人做出更好的解释。

- 有时也可以让儿童创造一个顺序让成人来完成,也许是找不到任何规律,如果有这样的情况出现,就告诉儿童这个顺序很难,让儿童来解释。

- 让两个儿童一起来进行这个活动,让儿童自己创造规律然后让其他儿童来接着排下去。

- 可以给儿童提供更复杂的材料,如颜色,功能,形状不同的材料。

🔔 特别要注意的事情

- 让儿童按照规则来排序,一开始可能很难,可以试着成人拿一个颜色的积木,儿童拿另一个颜色,然后轮流排列,先创造一个规律,让儿童了解"规律"的含义,再让儿童模仿排列。

掌握了吗?

- 儿童至少能完成3次包括3种颜色或者形状的有一定规律的顺序。

95. 这个东西这么用（问题解决）

我们为什么这样做？

这个活动的目的是训练儿童说出常用物品的使用方法。

儿童需要准备的

儿童能够独立地探索物体去发现他们的功能并且（或者）展示给其他人看这个玩具是如何工作的（如何使用）。

成人需要准备的

一些日常用品或玩具。

开始玩吧！

- 当成人在使用某个物品时和儿童说一说自己是怎么用这个物品。比如，当把面粉倒进碗里时，说："必须用大勺子搅拌。"或者用锤子敲钉子时，和儿童说一说锤子是用来干什么的以及怎么用。

- 然后，把这些物品给儿童，问儿童这个东西怎么用。如果儿童只是示范操作这个物品而不是用语言描述，你可以说："我希望你告诉我这个东西怎么用。"在必要时成人可以给一些提示。

- 当儿童能拿着某样物品说出它的用法时,成人可以只出示有某种物品的图片,让儿童说一说怎么使用。如果儿童可以看着图片说它的用途后,成人就试着直接说出某个物品的名称,问儿童这个物品怎么使用。比如,可以问儿童,"锤子怎么用"等。

我们还可以这样玩!

- 这个游戏可以在很多时候玩,比如坐车时、排队时等,它也可以分散儿童的注意力,减少等待带来的焦虑。
- 和儿童轮流说出一个物品的名称,然后让对方说一说它的用法,或者成人来说一个物品的用法让儿童来猜它的名字。

特别要注意的事情

- 有些自闭症儿童可能由于语言能力较弱,不能用语言进行描述,成人可以改变这个游戏的形式,可以让儿童做出使用这些物品的动作,成人也可以做使用某物的动作来让儿童猜。

掌握了吗?

- 无论是看到的物品还是只是听到物品的名字,儿童至少能够说出3种常见物品的使用方法。

96. 我感到……我会……(问题解决)

我们为什么这样做?

这个活动的目的是训练儿童能够正确地应对自己的感觉和需

求，减少可能出现的问题行为。

> **儿童需要准备的**
>
> 无
>
> **成人需要准备的**
>
> 无

开始玩吧！

- 问儿童"当你感到……你会干什么"的问题，比如，当你饿了你会做什么？

- 如果儿童没有回答，就示范给儿童看应该怎么回答。比如，当我饿了，我就去吃东西。然后，再问另外一个问题，比如，如果你感到很开心，你会怎么样？如果儿童没有回答，就告诉儿童答案。比如，如果我很开心，我会拍手。

- 几天后，可以再次问儿童同样的问题，也可以把新的问题和旧的问题混在一起问。将有关感觉的问题混在一起问，比如，当你开心，或者生气，或者难过时，你会做什么？

我们还可以这样玩！

- 经常和儿童说说"当你感到……你会干什么"，并且说说为什么你会怎么做。比如，当你累了的时候，你就必须去睡觉；当你饿了，就是到了吃东西的时间。

如何 发展自闭谱系障碍儿童的认知能力

- 当儿童需要马上去干什么时,可以进行这个活动。比如,到了喝水的时间,可以不去问儿童"你想喝水吗",而是问"你渴了吗",然后再给儿童水喝。

- 在日常生活中问儿童,"当你感到……你会干什么?"比如,问儿童"你饿了吗?"当儿童给出肯定的答案后,你可以说,"哦,当你饿了的时候,你要做什么?"如果他没有回答,就说:"我想你需要吃些东西,你想要饼干吗?"

- 在教室里,让大家围坐在一起,一起说一说。比如,可以让大家讨论一下每个人都喜欢吃什么,什么时候肚子饿等。成人也可以带来一些食品,让儿童吃或者给小动物喂食。到了下次上课的时候,成人可以说:"昨天,我们一起吃了零食,谁能告诉我,当我们饿了的时候,我们要做什么?"也可以一起讨论一下"渴了""困了""累了"应该怎么办。

🔔 **特别要注意的事情**

- 自闭症儿童经常不会正确表达自己的需求和感受,所以常常会出现一些问题行为,比如开心的时候会尖叫,或者打别人,而通过这个活动,可以教儿童一些正确的方式去表达或满足自己的需求。比如,高兴的时候,可以自己拍手而不是去打别人。

- 对于没有语言的自闭症儿童,可以用图片沟通的形式进行。

- 可能因为自闭症儿童对于情感的理解有一定困难,所以在对有关情感的问题进行讨论时,比如开心、伤心等,儿童可能不知道如何回答,需要成人教儿童如何表达自己的感觉和需求。

掌握了吗?

- 儿童能独立回答两个类似"当你感到……(某种感觉),你会干什么"的问题。

97. 牛奶从什么地方来的? (问题解决)

我们为什么这样做?

这个活动的目的是训练儿童能够了解一些日常用品是从哪里来的,或者这些日常用品是用什么做成的。

儿童需要准备的

无

成人需要准备的

一些日常用品的实物或是图片。

开始玩吧!

- 和儿童一起逛超市、菜场或是看书、看杂志时,问儿童图片中的物品是从哪里来的。比如,如果图片上有人在喝牛奶,就说:"他在喝牛奶,牛奶是从哪里来的?"如果图上有面包,就问:"看这些面包,他们是用什么做的?"如果儿童不知道时,就告诉儿童答案。如果儿童说得半对半错,比如,牛奶是从商店里来的,你就可以说:"对的,但是商店里牛奶是从一个地方来的,你知道从哪里来的吗?"

- 也可以和儿童说说某物是用什么做成的,这样有利于向儿童解释有些东西是可以由多种材料做成的,比如鞋子,可以有皮鞋、布鞋和塑料鞋等,再给儿童一些实物,让儿童感觉不同的材料。

我们还可以这样玩!

- 和儿童说说他生活中常见的东西是从哪里来的,是用什么做的?比如,吃饭时,可以说说牛奶是奶牛产的;橘子树上长出橘子,橘子再榨汁就做出了橘子汁;农民伯伯种出蔬菜让我们吃。下次吃饭时就可以问他,牛奶、橘子汁和蔬菜是从哪里来的。注意告诉儿童,这些东西是从商店里买来的,但只是从其他地方运到商店里卖的。

- 当成人在做饭时,可以让儿童参与进来,告诉儿童面包、蛋糕、饼干等的材料。

- 读故事时可以向儿童介绍农场里的动物、植物是怎么生长的,让儿童指出产出牛奶的动物是哪个,指出种菜给我们吃的人是谁。

- 也可以带儿童去参观农场或者其他生产食物的地方,在路过这些地方时,也可问问儿童,看看儿童能不能说一说这些食物是从哪里来的。

🔔 **特别要注意的事情**

- 在生活中,自然的环境下给儿童介绍,那些常见的物品是从哪里来的。

掌握了吗?

- 儿童至少能回答出 5 个他熟悉的物品是从哪里来的,或者是由什么做的。

98. 怎么做三明治?(问题解决)

我们为什么这样做?

这个活动的目的是训练儿童能够说出做一件事情的大致步骤。

儿童需要准备的

独立地探索物体去发现他们的功能并且(或者)展示给其他人看这个玩具如何工作的(如何使用)。

成人需要准备的

无

如何 发展自闭谱系障碍儿童的认知能力

开始玩吧!

- 成人可以和儿童一起做三明治,成人可以将制作三明治分成几个步骤,用图片的形式展示,然后和儿童一起完成一个三明治。
- 儿童一边做,一边成人拍一些照片。做完之后,成人可以给儿童看照片,帮助儿童回忆做三明治的步骤。
- 最后让儿童看着图片,说一说做三明治的步骤。成人也可以在一边给予儿童一些提示。

我们还可以这样玩!

- 在日常生活中,也可以要求儿童说一说自己常做的或是常见的事的顺序,比如,洗澡的顺序、吃葡萄的顺序等。

🔔 **特别要注意的事情**

- 对于自闭症儿童通过语言描述一件事情怎么做是有些困难的,成人可以提供一些提示,比如使用图片,或说一些关键词,来辅助儿童;如果儿童语言发展情况较弱,成人可以提供完成此任务的图片,让儿童通过排列图片的顺序来表现他们知道完成此任务的步骤。

掌握了吗?

- 儿童能至少回答两个类似"告诉我,怎么做……"的问题,儿童不必每个步骤都描述正确,但主要内容要清晰。

99. 你来说，我来说（推理）

我们为什么这样做？

这个活动的目的是训练儿童能够通过和成人进行接话的游戏，完成简单的类比推理，促进儿童推理能力的发展。

儿童需要准备的

儿童能辨别颜色、掌握一定的形容词，有一定的语言能力。

成人需要准备的

无

开始玩吧！

- 告诉儿童，要一起玩一个接话的游戏，看看他能不能接着你的话说下去。

- 先从儿童熟悉的概念开始，比如，我的衣服是红色的，你的衣服是……大明是个男孩，你是……然后扩展到其他概念，比如，火是热的，冰是……如果儿童说不出来，就告诉儿童答案。

我们还可以这样玩！

- 在开车或者其他地方可以和儿童一起做这个游戏，游戏可以

如何 发展自闭谱系障碍儿童的认知能力

是反义词的应用,可以利用刚刚一起看到的东西来通过游戏的形式让儿童掌握一些感念,比如,看到蜘蛛就说,蜘蛛是小小的,大象是……等待一会儿,让儿童去回答。如果儿童不说,成人可以自己说完句子,再重复几次,强调蜘蛛和大象的不同。然后再用另外的例子,宝宝是小小的,爸爸是大大的。

- 当给儿童读故事时,给出一些书上的例子让儿童说一说,比如,熊爸爸的椅子是硬的,熊宝宝的椅子是……等一会儿让儿童回答。

- 给儿童讲故事或是玩其他游戏时也可以通过这个活动教授一些概念,比如,这块积木是圆形的,那块积木是……小丽的裙子是绿色的,小明的衬衫是……

🔔 **特别要注意的事情**

- 不要着急告诉儿童答案,多留给儿童一些时间回答问题。
- 这个游戏,需要自闭症儿童有一定的语言能力。

掌握了吗?

- 儿童能够和成人进行两句这样的接话练习。

100. 图上少了什么? (问题解决)

我们为什么这样做?

这个活动的目的是训练儿童能够发现图片上缺失的部分,促进儿童对事物整体性的认知能力的发展。

> **儿童需要准备的**
>
> 能识别常见物品。
>
> **成人需要准备的**
>
> 缺失一部分的玩具或者图片。

开始玩吧！

- 成人准备一些缺失一部分的玩具或者图片,或者制造这样的图片,比如,在图片上贴上一小块纸,或者画一个缺少嘴的娃娃脸等。
- 出示这些物品或图片,问儿童:"这张图片缺失了什么?"如果儿童不能辨认出缺少了什么,就告诉他图片上哪里少了些什么。
- 开始时,游戏比较简单,比如少了一条腿的娃娃,少了轮子的小车等,然后再逐渐增加难度,比如少了1只耳朵的狗。

我们还可以这样玩！

- 这个游戏可以和画画的游戏结合在一起。儿童的绘画能力有限时,成人可以印一些图片的半成品,比如,缺少了两只眼睛和一张嘴的娃娃头,让儿童照着模版补充完整这张图。在开始这样的画画任务前,可以先问儿童有没有发现这张图片

如何 发展自闭谱系障碍儿童的认知能力

上少了什么？等儿童说出了少了写什么，再和儿童开始画画任务。

🔔 **特别要注意的事情**

- 自闭症的儿童可能会存在中央统和能力较弱的问题，对于整体的加工能力较弱，不一定能够认识物品的整体，所以成人需要引导儿童注意到事物的整体，然后再进行这个游戏。

掌握了吗？

- 儿童至少能辨认出5幅有缺失的图片的缺失部分。

101. 接下来会发生……（推理）

我们为什么这样做？

这个游戏的目的是训练儿童能够根据已知道的情况，推测接下来会发生什么，希望促进儿童推理能力的发展。

儿童需要准备的

知道事物通常的情况。

成人需要准备的

故事书，图画书，能组成故事的照片。

开始玩吧！

- 当读一个儿童熟悉的故事时，在故事的中间停下来问儿童，"接下来要发生什么？"当他可以回答时，下次读故事时，读一个新的故事给儿童，也在中间停下来，问："后来会发生什么？"如果儿童没能反应，就给出一些选项让儿童选择哪一个会发生。
- 看书或者杂志上的图片时，问儿童这张图片后会发生什么。比如，图上有一个小朋友在泥里玩；人们在雨里走；一个人进入了一辆车，问儿童接下来会发生什么。

我们还可以这样玩！

- 自闭症儿童的语言能力可能会比较弱，所以很难直接用语言讲出接下来会发生什么。如果儿童语言能力较弱，可以直接使用图片的形式让儿童选择接下来会发生什么。比如，前一幅图是下大雨，但小朋友没有带伞，问儿童："小朋友回家后是什么样子的？"成人呈现的选项包括：小朋友都淋湿了；小朋友和平时一样。
- 可以把儿童完成某一样任务的多个步骤的图片呈现给儿童，比如儿童洗手的步骤等，然后让儿童说一说某一步之后要做什么。
- 如果儿童能够玩一定程度的假装游戏（过家家等），成人可以和儿童一起玩假装游戏，创造一个情景，问儿童，接下来会发生什么。无论儿童提供了什么样的答案,都继续进行游戏,如果儿童没有回答,就给出一些建议让儿童选择。

🔔 **特别要注意的事情**

- 成人注意在平时多给儿童讲一讲日常生活中事情的发展顺序,比如,一个人在雨里走,结果他就淋湿了;地上是湿的,刚刚下过雨了;原来西瓜有绿绿的皮、红红的肉和黑黑的籽,但吃完之后,只有绿色的皮和黑黑的籽了;说一说做一件事情的顺序等。将这些内容在平日的生活中渗透给儿童,然后再进行类似的游戏。

- 也可以在儿童做一些事情时拍一些照片,比如,洗手,吃西瓜,然后对着照片告诉儿童一些事物的发展顺序。

掌握了吗?

- 至少3次,对于不熟悉的故事和图片,儿童能在问到"接下来会发生什么时"给出合适的答案,即答案比较符合常理。

102. 讲一讲我的故事(问题解决)

我们为什么这样做?

这个活动的目的是训练儿童能够说一说自己做过的事情,并且能够说一说为什么自己这么做/不怎么做。

| 第三部分 | 让我们一起来促进儿童认知能力的发展

儿童需要准备的

有一定的语言表达能力。

成人需要准备的

无

开始玩吧!

- 这个活动的目的是训练儿童能够说一说自己做了些什么事情。所以,和儿童说一说成人自己的经历是一个很好的方法。比如,成人可以说,我上次是坐飞机去上海玩的,你这次去上海玩,是坐飞机还是乘火车?

- 成人在做某件事之前,可以告诉儿童你做这件事情的原因,比如,我分两个袋子装饼干,是因为一个袋子太小了,装不下。

- 有时候也可以问问儿童,接下来会发生什么?比如,我用一个袋子装饼干,会发生什么?袋子会撑破。

- 成人说完自己的故事之后,要倾听儿童说话。如果儿童说不出自己做了什么,可以提问或出示相关的图片来提示儿童。

我们还可以这样玩!

- 在带儿童出去游玩的时候,在一些标志性的景点或是在发生了一些影响深刻的事情的地点拍照,等到旅游回来之后,拿

如何发展自闭谱系障碍儿童的认知能力

着照片和儿童一起说一说这次去玩的地方,发生的事情等。

- 日常生活中的很多事情都可以这么做,比如,吃饭、做游戏等,都可以拍照片,然后和儿童说一说刚刚做过了什么事情。

🔔 **特别要注意的事情**

- 成人在为儿童做示范的时候,语言和句子要简单,在一开始的时候,让儿童模仿自己的句子,比如,今天中午,我吃了米饭和蔬菜。然后让儿童模仿自己说一说中午吃了什么。

掌握了吗?

- 无论是提问还是回答问题,儿童能至少在三个场合说一说自己做过的事情或发生的事情,并给出一些原因。

103. 讲一讲物品的新用途(问题解决)

我们为什么这样做?

这个活动的目的是训练儿童能够发现日常用品的一些新的用途,希望能够扩展儿童的想象力。

儿童需要准备的

能够知道一些日常用品的常见的用途。

成人需要准备的

日常用品。

开始玩吧!

- 收集一些常见的物品,和儿童一起坐下来,告诉儿童我们一起想一想这些物品是怎么用的。
- 拿出一本书,问儿童:"除了看书,这本书还有什么其他用处吗?"如果儿童没有回答,成人可以说:"可以用来当扇子啊!"成人也可以提供多个答案来刺激儿童的想象力。

我们还可以这样玩!

- 可以让儿童和成人或其他小朋友互相比赛,每个人轮流说物品的一种新的用途。

特别要注意的事情

- 如果自闭症儿童不能说出那些新的用途,可以让儿童用行动来表示。
- 儿童的某些想象和创造也许是不合理的或是不合适的,成人不应该训斥儿童的想象力,而是告诉儿童合适合理的做法是什么,成人应该避免儿童进行危险的"创造",要鼓励儿童进行想象。
- 自闭症儿童的想象能力一般比较薄弱,所以,可能一开始无法提供一些新的用途,成人这个时候需要多给予儿童提示,也不一定要强求儿童说出新的用法,只是原有用法的改良,也是应该鼓励的。

掌握了吗?

- 儿童能至少对三种不同的物品说出每一种物品的一种新用途。

104. 找相同(问题解决)

我们为什么这样做?

这个游戏的目的是让儿童发现生活中的常用物品有一些相似之处,并且儿童能够从2个维度(颜色、功能)来考虑这项相同之处。

儿童需要准备的

根据功能关系将图片进行分类。

成人需要准备的

日常用品。

开始玩吧!

- 可以和儿童玩一个游戏,游戏里让他接着成人的话说下去:让儿童说一说两个物品之间的相似之处,比如,1辆汽车和1辆自行车都有……(轮子);玻璃杯和茶杯都可以用来……(喝水)。

- 刚开始游戏时,选一些有许多相似之处的事物,比如,狗和猫、鸡和兔子，然后再选择那些有相似用途的东西，刀和叉，刷子和抹布等，接着再选择那些有一些相似性质的事物，比如雨和雪，锤子和螺丝刀等。要拓展儿童的答案，示范从多个角度思考这个问题，比如大小、用途、颜色和种类等。

我们还可以这样玩！

- 随时随地都可以开展这个游戏，比如在排队的时候，在等车的时候。

- 对于能力弱的儿童，可以出示相关物品的图片，这样可以让儿童直观地看到物品来说一说它们的相似之处。

- 也可以让几个儿童和成人一起玩这个游戏，找两个相似之处很多的东西，比如猫和狗，每个人轮流说它们的相似之处，多人回答可能更容易激发儿童的思考。

🔔 **特别要注意的事情**

- 这个游戏对儿童的要求比较高，需要儿童有一定的语言能力和概括能力，因为要儿童尝试从多个角度出发对物品进行分类。

掌握了吗？

- 儿童能够说出至少 3 对以上的不同物品两两之间的相似之处，并且至少能从两个方面进行考虑，比如这一对是颜色相同，那一对是用处相同。

105. 后来会发生什么？（推理）

我们为什么这样做？

这个活动的目的是训练儿童能够通过之前进行的实验或是活动来预测一些事情。

儿童需要准备的

想象和描述出一个陌生的故事或图画中接着要发生的情境。

成人需要准备的

水彩颜料，画笔。

开始玩吧！

- 给儿童一些水彩颜料，可以问问他："把黄色和蓝色混合会变成什么颜色？"让儿童先来猜一猜。如果儿童没有猜测，成人可以说出自己的猜测，然后和儿童一起试一试混合这2种颜色后，让儿童看一看变出了什么新的颜色。

- 在混合颜色的过程中也可以向儿童提一些问题，比如，一开始是什么颜色？后面是什么颜色？

我们还可以这样玩！

- 在家里或是教室里准备一个科学角，放一些日常用品，让儿童做各种实验。比如，放一盆水，再放一些东西进去，看看哪些东西会浮起来，哪些东西会沉下去，在操作之前让儿童进行猜测，并让儿童说一说这么猜的原因。

- 也可以通过拍照片的形式，把猜测之前的情况和最终的结果拍成照片，让儿童进行观察，这样可以减轻儿童的记忆负担。

🔔 特别要注意的事情

- 这个游戏需要儿童有一定的想象能力，但是，想象能力是自闭症儿童的弱势能力，成人可以带着儿童一起进行实验，告诉儿童自己的预期是什么，并把实验开始和结果拍成照片，这样可以帮助儿童发现预期和结果可能相同也可能不同。

- 有时候儿童的想象是不太合常理的，这个时候，成人应该倾听儿童的理由，然后可以做一些实验来验证儿童的预期。

掌握了吗？

- 在多次被问到："如果我们……会发生什么"的问题时，儿童都能想象将发生什么事情，并且给出理由，想象的结果不必全部正确，但要和问题匹配。

五　数概念

106. 比多少（感知集合）

我们为什么这样做？

这个游戏的目的是训练儿童能够建立"更多"这个概念，而且会在生活中应用这个概念。

儿童需要准备的

无

成人需要准备的

一些积木或者其他小玩具。

开始玩吧！

- 成人和儿童每人都分一小堆积木（每人 3~4 个）并且在一边放一盒积木。

- 成人说:"咱们要建造一个大房子了!"成人开始排列积木,然后让儿童把积木放在成人的积木上面,当成人用完了所有积木后,就说:"我们需要更多的积木。请你帮我们再拿更多的积木。"
- 如果儿童没有去拿积木,就指着盒子说,"积木在盒子里,再拿更多的积木过来吧。"
- 如果儿童还是没有去拿玩具,成人可以去帮助他,对他说:"这里有更多的积木,让我们建造一个更大的房子吧!"。

我们还可以这样玩!

- 当儿童在吃饭或者吃点心时,问他是不是要"多一块饼干"。
- 当成人在给游戏材料分类时,也可以使用"更多"这个词语。比如,这里有更多的蜡笔。
- 让儿童拿更多的东西来检验他是不是理解怎么用"更多"。比如,谢谢你给我拿来的饼干,你能不能给我更多的饼干?或者,我还要更多的积木来建造房子,请再给我更多的积木。

特别要注意的事情

- 儿童能够说或者表示"更多",或者(并且)能够按照指示在很多场合"多给一个"。
- 对于难以理解这个概念的儿童,成人可以自己做示范,演示多拿一些过来,就是"更多"。
- 对于语言能力较弱的儿童,成人可以教儿童使用一些手势或是图片沟通系统来表示"更多"这个概念。

掌握了吗？

- 儿童能够说或者表示"更多"，或者(并且)能够按照要求"多给一个"。

107. 我要"一个"（感知集合）

我们为什么这样做？

这个游戏的目的是训练儿童能够形成"一个"的概念，能够在生活中应用"一个"这个概念。

儿童需要准备的

无

成人需要准备的

5~6个玩具，比如小车、积木、动物等，一个盒子或容器。

开始玩吧！

- 先给儿童一些小玩具，让儿童自己玩。几分钟后，成人可以说："我可以拿走你的一个玩具吗？"或者让儿童放一个玩具到玩具盒里去或者从玩具盒里拿一个玩具过来。
- 如果儿童没有理解，成人可以拿着一个玩具对儿童说：这是一个小猫,我要拿走一个小猫啦。成人说的时候,可以强调"一个。"

- 当要求儿童拿一个东西时,成人要把手张开,并且在儿童给了一个东西之后,仍旧把东西拿在手里保持几秒钟,从而确保儿童理解"一个"玩具的含义而不是继续把玩具再放到成人的手里。

我们还可以这样玩!

- 利用日常生活中的各种机会,向儿童渗透"一个"这个概念。比如,在分饼干的时候说:给你一块饼干;在吃饭前,一边说"给你一个勺子",一边把勺子给儿童。

- 成人可以一边说"一个",一边竖起食指做出一的样子,帮助儿童学习如何用手指表示数字。

🔔 **特别要注意的事情**

- 因为"个"是儿童最初形成的量词,所以,一开始成人可以都是用"个"这个量词。

- 要让儿童注意到成人拿走的是"一个",以及确定儿童给的玩具是"一个",要观察儿童是不是会一直把玩具给成人,而不是只给"一个"。

掌握了吗?

- 儿童能够多次没有错误地拿出"一个"东西。

108. 唱数 1—10（10 以内基数概念）

我们为什么这样做？

这个游戏的目的是训练儿童能够按顺序进行 1—10 的唱数。

儿童需要准备的

能够说出数字 1—10。

成人需要准备的

无

开始玩吧！

- 唱数就是指儿童可以说出 1—10 的数字，但是儿童不需要理解数字代表的含义。
- 唱数是儿童学会数数的基础，所以，儿童能按照正确的顺序说出 1—10 的所有数字是非常重要的。
- 成人可以在平时教儿童说数字，鼓励儿童模仿自己按照正确顺序说出所有的数字。

我们还可以这样玩！

- 在乘车、等车或者其他时候都可以进行，成人也可以和儿童进行数字接力，轮流说一个数字。

🔔 **特别要注意的事情**

- 唱数的目的只是让儿童按顺序说出数字,不要求儿童理解数字代表了什么。
- 成人注意儿童的顺序是否正确。

掌握了吗?

- 儿童能正确唱数1—10。

109. 数3个数(10以内基数概念)

我们为什么这样做?

这个活动的目的是训练儿童能够按顺序连着数3个数。

> **儿童需要准备的**
>
> 能正确唱数1—10。
>
> **成人需要准备的**
>
> 一组5~10个物体。

开始玩吧!

- 这个游戏的目的只是要求儿童能够按顺序说3个数字,比如1、2、3,2、3、4,4、5、6等,并不要求儿童学会数数。但是可以通过数数的活动,一边让儿童学会按顺序说3个数字,一边教儿童学会手口一致地数数。

- 在儿童面前出示 5 个排成一排的物体,确保每个物体之间间距 2.5 厘米左右,然后成人示范给儿童看,如何进行手口一致的数数,即数一个物体,就用手轻轻碰一下该物品。成人可以说:"让我们数一数一共有几个。1、2、3、4、5……"
- 请儿童来数面前的物品,成人可以帮儿童说:"1",然后让儿童自己按顺序说下去,但是,儿童每说一个数字,成人可以拿着儿童的手指点一下物品,帮助儿童建立点数的意识。

我们还可以这样玩!

- 生活中有很多机会和儿童一起学习数数,比如,让儿童数一数小饼干、吃饭的碗等。

🔔 特别要注意的事情

- 有时候,可以让儿童在成人示范数数之前去数,成人可以观察儿童是不是没有从 1 开始数。
- 有时候,许多儿童知道正确的数字的顺序,但是却总是等成人说"1"之后再开始数"2",这个时候成人可以不用急于纠正,继续来做示范正确的数数行为即可。
- 这个游戏只要求儿童能够按顺序说 3 个数字,不要求儿童完全正确地数数。

掌握了吗?

- 儿童正确地说出 3 个有顺序的数字,比如 2、3、4,3、4、5,4、5、

6。而且成人开始可以帮助儿童数。

110. 一共有几个？ （10以内基数概念）

我们为什么这样做？

这个游戏的目的是训练儿童能够形成"1个和两个"的数量概念。

> **儿童需要准备的**
>
> 会选择"1个"玩具；能正确唱数1—10；按照正确的顺序说出至少三个数字。
>
> **成人需要准备的**
>
> 很多有趣的物体或玩具。

开始玩吧！

- 把一个玩具放在儿童面前，问："有多少个玩具？"如果儿童没有回答，成人就告诉儿童："有1个。"然后成人可以换一个玩具，或是继续用这个玩具问儿童："有多少玩具呢？"
- 当儿童能够正确辨认1个物体时，给儿童出示两个玩具，问："现在有几个玩具？"
- 如果儿童不能说出总数，成人可以拿着儿童的手进行点数。

我们还可以这样玩!

- 日常生活中经常问儿童有多少个物品,比如,你要多少块饼干?看这只熊,它有几只眼睛?如果儿童没有回答正确,就点着物品并且大声地对他数数。比如,1、2,它有两个眼睛。然后,可以数其他物品,比如,现在妈妈/老师有几个眼睛呢?
- 也可以组织多名儿童或是成人和儿童一起数数,比如,吃点心前,让我们一起来数一数每个人有几块饼干?然后,让儿童检查其他儿童或是成人是不是数对了。

🔔 特别要注意的事情

- 数数时,一定要确定儿童是手口一致地进行数数的,需要避免儿童没有数数只是在唱数。
- 成人可以拿着儿童的手指进行点数,而且一定要让儿童的注意力集中在数数上。
- 物品的总数应该控制在1~2个。

掌握了吗?

- 儿童能多次正确点数总数在2以内的物品。

111. 给我两个娃娃(10以内基数概念)

我们为什么这样做?

这个活动的目的是训练儿童能够掌握2以内的按数取物,知道

"两个"代表了两个娃娃。

> **儿童需要准备的**
>
> 能够正确点数 2 以内的物品。
>
> **成人需要准备的**
>
> 一盒子积木。

开始玩吧!

- 这个活动的目的是帮助儿童形成"按数取物"的技能。按数取物是建立在儿童能够点数出物品总量的基础上,儿童认识某个数字,需要做到:(1)能够点数出这个数字,比如,手口一致地数到 2;(2)能够按照这个数字给出同样多的物品,即按数取物,比如,能够完成拿出两块积木。

- 成人给儿童一盒子积木,告诉他,我们要用这些积木搭建一些东西。让儿童给成人两块积木。

- 如果儿童给你了其他数量的积木,你就用手指点数它们,然后说,这不是两个,是(多少)个。然后成人示范如何点数两块积木并告诉儿童:"这才是两个。"

- 然后继续游戏,开始搭建一个其他的东西,再要求儿童取两块积木。继续搭积木并要求儿童取两块积木,直到儿童能够正确地拿出两块积木。

- 等到儿童掌握了两个按数取物之后,可以训练儿童拿出3块积木。

我们还可以这样玩!

- 把按数取物的训练安排进日常生活程序中,比如吃饭的时候,可以告诉儿童:请给我两个勺子;在分点心时,给我3块饼干;在清理时,你拿走3个玩具,我拿走3个玩具。
- 在集体环境下,让儿童轮流拿或者得到指定数目的玩具,比如,每个人拿两张纸,每个人拿3块饼干。

🔔 特别要注意的事情

- 儿童给出两个玩具后,成人不要马上把玩具拿走,要确定儿童会不会继续拿出玩具。
- 如果儿童一时有困难,可以提供视觉辅助。比如,要拿两块积木,可以先让儿童放两张卡片在台子上,然后再放积木在卡片上。

掌握了吗?

- 儿童能多次正确地按数取2~3个物品。

112. 说一说(感知集合)

我们为什么这样做?

这个活动的目的是训练儿童能够理解并且在生活中运用一些

表示数量的词语。"全部""不要""一个也不要""一共""一些"和"剩下"。

儿童需要准备的

在有1~2个物体时,儿童能正确回答"有多少";儿童能够正确比较多少。

成人需要准备的

积木和其他小玩具。

开始玩吧!

- 把一组玩具放在儿童面前,然后给出指令"全部","一个也不要"和"不要"。
- 比如,把全部的玩具放在盒子里。
- 把小车都放进来,一个也不要留在台子上。
- 其中有一个盒子里有一些积木,有一个盒子里一块积木也没有,请儿童指出来,哪一个盒子里没有积木。
- 成人一开始可以一边说,一边带着儿童一起做,或是示范给儿童看。
- 然后再让儿童自己试一试。如果儿童出错了,就改正他的用词或者再说一次指令。

我们还可以这样玩!

- 这个活动可以和其他活动融合在一起,在积木游戏前,让儿童帮忙拿出"全部"的积木,或者"不要"拿红色积木,或者"一个也不要"放在地上等。多在游戏中使用这些词汇。

- 当儿童能够比较两堆物品的多少时,成人可以教儿童使用很多的有关总量的词语,比如"一共""一些"和"剩下"。比如,你可以拿一些果冻过来吗?不是全部,也不是1个,3个就好了。比如,请把一些糖放在盒子里;把你剩下的衣服放在柜子里;谁有最多的糖?

🔔 特别要注意的事情

- 一下子教三个表示总量的词语对有些儿童可能存在一定困难,所以成人可以先教一个,然后等儿童能够熟练使用了之后再教其他的。
- 用语言解释这些词语可能会让儿童更加难以理解,可以在生活中教儿童这些概念,比如吃完的饼干,带儿童去购物后清点所买的物品等。
- 在日常生活中多和儿童使用有关于数量的词语,一开始可能儿童不理解,但是通过日积月累地使用,儿童会慢慢形成数量的概念。
- 学习这次词语的顺序是,先学习"全部""一个也不要""不要",然后再学习"一共""一些"和"剩下"。

掌握了吗?

- 儿童能多次正确地完成"全部""一个也不要""不要""一共"

"一些"和"剩下"的指令。

113. 三只小鸭子（10以内基数概念）

我们为什么这样做？

这个活动的目的是训练儿童能够掌握手口一致地数数。

儿童需要准备的

给出1个和2个物品时，儿童能正确回答出"有多少"。

成人需要准备的

积木或者其他材料（玩具车、勺子、蜡笔等）能够被排列和数的东西。

开始玩吧！

- 将3只玩具小鸭子或是3块积木排成一排，每个小鸭子之间间隔2.5厘米左右，成人示范大声地手口一致地数鸭子，并且数完之后在所有鸭子上画一个圈，表示一共有多少只。
- 开始时让儿童会跟着重复成人的话，慢慢地让儿童尝试独立数数。
- 一开始玩具的总数控制在3个，等到儿童能够完全掌握数3个玩具之后，可以慢慢地增加物品的数量。

我们还可以这样玩!

- 让儿童在日常生活中有很多机会去数数,比如,数家里有几瓶牛奶,吃了几块饼干,桌子上有几个碗,地上有几块积木等。

🔔 **特别要注意的事情**

- 成人要保证儿童手口一致地数数,而不是简单地唱数。
- 慢慢增加物品的数量,从 3 个开始,到 5 个,再到 10 个,最后到 20 个。

掌握了吗?

- 儿童能独立正确地进行手口一致地数数。

114. 哪一个多? (感知集合)

我们为什么这样做?

这个活动的目的是训练儿童能够区分出哪一堆积木多。

儿童需要准备的

当要求数数时,按照 1、2、3 数下去。

成人需要准备的

积木或者其他能排成排且容易数的物品。

开始玩吧！

- 成人和儿童面对面坐着,在中间放两堆积木。其中,一块比另一堆多,比如,一堆 3 块,一堆 6 块。成人可以把少一堆放在自己面前,多的一堆放在儿童面前。然后问儿童:"谁的积木多？你的多？还是我的多？"

- 如果儿童回答错误,成人就可以当着儿童的面点数每一堆积木,然后说:"看,你的积木多。"

- 交换两堆积木,多的一堆放在成人面前,少的一堆放在儿童面前,说:"现在谁的积木多？"如果儿童错误,成人就再数一数积木。

- 这个活动可以和搭积木的活动结合,每次玩积木前都可以先进行这样的活动,因为这个活动一次游戏时最好不要连续进行多次,一般一次活动时间中,这个活动不超过两次。

我们还可以这样玩！

- 在吃点心时间,放两堆不一样多的饼干,可以让儿童说一说哪一堆的饼干多？或者当儿童在玩小车时,问他是汽车多还是卡车多？

- 可以帮助儿童通过排列物品,把一种物品叠放在另一个物品上,或者让两类物品对齐之后再来判断哪一种物品多。

- 当儿童掌握了实物之间的比较后,可以让儿童比较印在纸上的两堆物品的多少,如果儿童直接比较有困难,可以让儿童使用连线法来进行比较。

🔔 **特别要注意的事情**

- 年龄小的儿童理解"更多"的含义之前可能会认为"更多"是更好的意思,他们会说他们有"多"的玩具,即使很明显是成人的东西多,他们也会说自己的多。
- 成人需要帮助儿童理解"比……多"的含义,将物品排列出来显示哪一组物品多。

掌握了吗?

- 儿童能够多次正确说出两组不一样多的物品哪一组多。

115. 一样多(6个以内)(感知集合)

我们为什么这样做?

这个活动的目的是训练儿童能够进行量与量的配对,找到含有相同数量(6以内)的两张图片。

> **儿童需要准备的**
>
> 当要求数数时,按照1、2、3数下去。
>
> **成人需要准备的**
>
> 黑板,包括不同数量物品的图片,物品数量总数不超过6个。

开始玩吧!

- 和儿童玩按照数量多少进行配对的游戏,希望通过这个游戏能帮助儿童比较两堆物品是否一样多。
- 给儿童出示有两个相同的物品,再出示一些图片,图片上分别有 2、3、4、5 个物品,让儿童找出与实际物品一样多的卡片。
- 如果儿童答错了,帮助儿童把物品一一对应地放在物品上,证明是否多出来或者不足。
- 再用其他材料试一试这个活动。
- 当儿童能完成数量为 2 的配对时,就增加实物的数量,直到儿童能完成总量为 6 的配对。

我们还可以这样玩!

- 随着儿童能力的提高,可以逐渐增加活动的难度,比如不用实物,而全部用图片和图片的配对,或者这一套图片上的物品的排列顺序和另一套的图片上的物品的排列顺序不一样,比如,一套图片上的圆点是按顺序排列,另一套是将不同数量的圆点排成三角形、圆形等。

🔔 **特别要注意的事情**

- 一开始游戏时,卡片上物品的总量在 6 以内,随着儿童能力的提高,可以逐渐增加物品的总量。

掌握了吗?

- 儿童能根据数量进行配对,包括实物和图片,或者对图片和图片进行正确的配对,物品的数量不超过6。即使两张图片上的物品排列的形状不同,儿童也能按数量配对,并且很少犯错。

116. 认识数字(数概念)(10以内基数概念)

我们为什么这样做?

这个活动是训练儿童能够正确地书写数字。

儿童需要准备的

能正确唱数1—10;有一定的涂色能力。

成人需要准备的

描红本、笔。

开始玩吧!

- 认读和书写数字是形成数概念的重要方面,5岁左右的儿童就可以开始使用描红本来学习正确地书写数字。
- 书写数字的第一步是:认读数字,成人可以教儿童一些顺口溜来方便儿童记忆数字,比如,1像铅笔,1,1,1;2像鸭子,2,

2,2；也可以通过"找数字"的游戏,让儿童找出生活环境中的某个数字,比如,让儿童找一找哪里有数字1?(时钟上,门牌上)

- 儿童能够认识很多数字之后,可以让儿童在描红本上学习书写数字。很多描红本对于儿童来说可能太小了,成人可以自己打印大一些的数字,让儿童描红。然后逐步让字体缩小成普通描红本中字体的大小。

我们还可以这样玩！

- 成人可以让认识数字的游戏变得更加有趣,比如：给儿童看一些由数字构成的图片,让儿童说一说图里有哪些数字;也可以让儿童按照数字顺序描图,让数字连成一只小猫等。
- 也可以和儿童一起唱数字歌,帮助儿童进行记忆。

🔔 特别要注意的事情

- 给儿童呈现数字时,需要注意数字的方向,比如,3 和 m；6 和 9；5 和 2。
- 多用游戏的形式让儿童巩固数字,让数字藏在图案中让儿童找。
- 儿童学写数字时,需要先保证儿童有一定的涂色能力。

掌握了吗？

- 儿童能正确认读和书写10以内的阿拉伯数字。

117. 5以内加减法（数的运算）

我们为什么这样做？

这个活动的目的是训练儿童能够掌握5以内实物的加减法。

儿童需要准备的

手口一致地数排成一排的10个物品，并且能按数取物或者按物取数。

成人需要准备的

一些容易数数和排列的物品。

开始玩吧！

- 这个游戏的目的是训练儿童学会使用实物进行5以内的加减法。

- 可以给儿童出示3个小车，然后让儿童数一数，一共有多少小车。然后再对儿童说："我们现在再拿一个小车放进去"，问儿童："现在一共有多少辆小车？"

- 如果儿童没有回应，成人可以引导儿童去数一数，得出现在有多少小车。

- 减法也是一样的，让儿童先确定台子上一共有多少东西，然后再拿走一个,最后问儿童有多少个。

我们还可以这样玩!

- 利用生活中常见的场景和儿童进行这个游戏,比如,在吃水果前,让儿童数一数一共有几个水果,然后,吃掉一个之后,还剩下几个。

🔔 特别要注意的事情

- 先从5以内实物加法开始,然后再进行5以内实物减法。
- 从加1和减1开始,然后再进行2的加减。

掌握了吗?

- 能够进行5以内实物的加减。

118. 平均分饼干(数的运算)

我们为什么这样做?

这个游戏的目的是训练儿童能够正确将物品平均分。

儿童需要准备的

比较两堆物品,说出哪一堆多。

成人需要准备的

任何容易摆放和数数的物品。

如何 发展自闭谱系障碍儿童的认知能力

开始玩吧！

- 这个活动是希望将物品等分的概念教给儿童，教儿童把一组物品平均分成两份，并且理解"一样多"。

- 成人可以拿出4块饼干，对儿童说："我们把这些饼干数一数、分一分，让我们两个人有一样多的饼干。"

- 分饼干过程是，成人拿一块饼干放在儿童面前，再拿一块饼干放在自己面前，然后再放一块在儿童面前，放一块在自己面前，一边放一边可以说："你一块，我一块，你一块，我一块。"分完饼干后，成人可以问儿童："现在你有几块，我有几块？"如果儿童没有回答，成人继续说："我们都有2块，我们两个人的饼干是一样多的。"

- 然后成人再给儿童4块饼干或者积木让儿童平均分。

- 成人可以帮助儿童大声地数出来，或者手把手地帮他分。

- 一旦儿童可以完成4的平均分，再让他试一试6个的平均分，再试一试8个的平均分。如果儿童有错误，就纠正儿童的错误，然后再重复这一活动。

- 分完之后，需要让儿童数一数每个人有多少个东西，然后得出"每个人的东西是一样多的"这个结论。

我们还可以这样玩！

- 在日常生活中很多时候需要用到"平均分"，比如，在分点心的时候是玩这个游戏的最好机会，成人可以让儿童帮助一起分点心。

🔔 **特别要注意的事情**

- 一开始儿童可能不理解平均分的含义,需要成人手把手地教。
- 在分完之后,应该要求儿童判断每个人得到的物品是不是一样多。

掌握了吗?

- 儿童能正确地将4、6、8个物品平均分,并说出平均分后每个人的物品是一样多的。

119. 认识1元钱(数的运算)

我们为什么这样做?

这个活动的目的是训练儿童能够认识生活中常见的硬币,一元、一角和五角。

儿童需要准备的
无
成人需要准备的
一元、一角和五角。

如何 发展自闭谱系障碍儿童的认知能力

开始玩吧!

- 儿童通常都很喜欢玩钱币,这个活动是训练儿童能够认识这些常见的硬币,知道它们的名字。

- 如果儿童分不清这三种硬币,可以教儿童通过颜色、大小来辨认。

- 给儿童准备3个储蓄罐,让他们把一元、五角和一角的硬币分门别类地投到不同的储蓄罐中去。

我们还可以这样玩!

- 可以领着儿童使用自动贩卖机。把硬币投入自动贩卖机时,向儿童展示硬币,并告诉他们硬币的名称,也可以让儿童自己去投币。

- 和儿童一起外出购物时,当需要用零钱的时候,可以让儿童帮忙找出制定的硬币,比如,找出1个一元和1个五角的。

🔔 特别要注意的事情

- 注意钱币上有很多细菌,玩过这个游戏时,要带儿童去洗手。

掌握了吗?

- 儿童能从一堆硬币中按一元、五角、一角进行分类,或正确说出它们的名字。

120. 玩数字牌（量与量的配对）（感知集合）

我们为什么这样做？

这个游戏的目的是训练儿童能够进行量与量的配对，即找出画有一样多点的 2 张卡片。

图 3-3

儿童需要准备的

正确点数 20 以内的物品。

成人需要准备的

骰子、纸牌。

开始玩吧！

- 把 3 张纸牌放在台子上，排成一排，纸牌的花色相同、点数不同，比如，5，10，1（梅花）
- 然后再给儿童出示同意花色的 5 张牌，比如 4，5，9，10，1（梅花），让儿童把和第一排的纸牌一样的挑出来，排成和成人一样的顺序。
- 如果儿童的顺序不对，就改正他们的顺序，再让儿童排列一次。

我们还可以这样玩!

- 一开始玩这个游戏时,可以选择相同花色的纸牌,当儿童熟悉了这个游戏时,可以给儿童出示不同花色的纸牌。

- 也可以自制纸牌,纸牌上画有 1~10 个点,点的排列有所不同。

特别要注意的事情

- 提醒儿童不用去看纸牌上的花色,而是需要找出画有一样多的点的两张牌。

- 一开始,使用纸牌进行游戏,因为纸牌上有数字,可以进行辅助。随着儿童能力的提高,可以自己做两套卡片,没有标明数字,让儿童纯粹进行量的配对,而且纸牌上点的排列顺序可以不一样,来增加难度。

掌握了吗?

- 儿童根据纸牌上的点的数量进行至少 3 张牌的配对。

121. 单双数和相邻数(10 以内基数概念)

我们为什么这样做?

这个活动的目标是训练儿童能够认识 10 以内的相邻数和单双数。

> **儿童需要准备的**
>
> 手口一致地数排成一排的 10 个物品,并且能按数取物;理解"一样多"并且能够将物品平均分。
>
> **成人需要准备的**
>
> 积木或者其他容易平均分的。

开始玩吧!

- 成人可以拿出 3 块积木,然后给儿童一块积木让儿童把积木放进去,问儿童现在有几块积木?
- 或者让儿童从三块积木中拿走一个,问儿童现在得到几块积木?
- 让儿童在这样的操作中体会相邻数的含义。
- 让儿童进行平均分的游戏,先给儿童两块积木,让儿童平均分给两个人,等儿童分好之后,告诉儿童 2 是双数,可以平均分给两个人。
- 然后再增加到 4 块积木,问儿童能不能平均分给两个人,等儿童平均分好之后,就告诉儿童 4 也是双数。之后再慢慢增加到 6、8、10 块积木,让儿童知道这些都是双数。
- 再让儿童平均分 3 块积木,儿童会发现 3 是不能被平均分的。这个时候就告诉儿童,3 是单数,所以不能平均分,然后平均分1,5,7,9块积木,学习这些数都是单数。

我们还可以这样玩!

- 单双数的概念有时候只是需要儿童简单记住,比如,可以和儿童玩骰子,投到2,4,6时向前跳,投到1,3,5时向后跳。

特别要注意的事情

- 单双数的教学很容易变成儿童死记硬背数字,而对于单双数的概念并不理解,所以成人需要强调单双数的含义。

掌握了吗?

- 认识10以内数的单双数和相邻数。

122. 认识10以内的序数（10以内序数概念）

我们为什么这样做?

这个活动的目的是训练儿童能够认识10以内的序数。

儿童需要准备的

手口一致地数排成一排的10个物品,并且能按数取物。

成人需要准备的

容易数数和排列的物品。

| 第三部分 | 让我们一起来促进儿童认知能力的发展

开始玩吧!

- 可以将10以内的序数的学习分成2阶段学习,先学1—5的序数,再学6—10的序数。

- 成人将4个不一样的娃娃排成一排出示给儿童看,然后告诉儿童从左向右数一数,或从右向左也可以,但是一定要注意向儿童说明是有方向的。

- 儿童数完之后,成人再告诉儿童第一个是××,第二个是××,因为每个娃娃是不同的,所以可以容易区分每一个娃娃。然后打乱娃娃的顺序,让儿童说一说,从左到右的第一个娃娃是哪一个。

- 等儿童能够认识1—5的序数后,再学习6—10的序数。

- 可以给儿童看集体照,让他找出从左到右的第几个小朋友是谁。

我们还可以这样玩!

- 等到儿童学习完了1—10的序数之后,可以给儿童看集体照或是多人的合照,要求儿童找出从左到右数的第几个人是谁。

特别要注意的事情

- 序数的学习中要注意的是,序数是有一定方向的,儿童可能还不理解左右时,教师可以规定一个方向,告诉儿童是从哪边开始的。

掌握了吗?

- 儿童能认识10以内的序数。

123. 我今年____岁了！（数的运算）

我们为什么这样做？

这个活动的目的是训练儿童能正确回答出自己的年龄并理解年龄是怎么变化的。

儿童需要准备的

知道自己的年龄（说出来或用手指表示）。

成人需要准备的

无

开始玩吧！

- 这个游戏和第33个游戏的区别在于，第33个游戏只要求儿童记住自己的年龄，而这个游戏需要儿童理解年龄是每年有所变化的，儿童知道自己今年的年龄后，也就可以推知去年和明年的年龄。
- 告诉儿童他自己的年龄，周围其他人的年龄，其他同学的年龄。

- 成人也可以鼓励儿童去问其他人："今年你几岁了？"
- 儿童可以说出自己的年龄或是用手指表示自己的年龄。
- 当儿童要过生日时,就告诉儿童,他又长大了一岁,要再伸出一根手指,也让他自己再数一数现在几根手指,现在就是几岁了。同时也可以告诉儿童在过生日之前他是几岁。

我们还可以这样玩！

- 过生日的时候,可以让儿童数一数生日蜡烛,就知道今年几岁。成人也可以提示儿童去想一想明年自己几岁,去年自己几岁。

🔔 特别要注意的事情

- 让儿童知道自己的年龄是会发生变化的,而不是只是记住一个数字。成人可以把儿童过生日吃蛋糕的照片都保留下来,将2年或是3年的照片排在一起让儿童尝试去发现每一年蛋糕上蜡烛的不同。

掌握了吗？

- 儿童能多次正确回答现在几岁,去年几岁,明年几岁,无论是用手指表示还是说出数字都可以。

124. 我会做加法（数的运算）

我们为什么这样做？

这个活动的目标是训练儿童能够通过实物操作的方法学会"加2"。

如何 发展自闭谱系障碍儿童的认知能力

儿童需要准备的

对于数量在 4～10 个的物体,能够正确地进行按数取物。

成人需要准备的

任何可以排放及被数的物品。

开始玩吧!

- 成人将一些物品摆放在儿童面前,让儿童数一数,说一说现在一共有多少个。

- 成人再拿出 2 个放进去,然后问儿童:"现在有多少个?"如果儿童没有回答,就让他数一数。

- 一旦儿童能够完成实物的"加 2"之后,就通过提出问题让儿童进行表象的运算,比如,就对儿童说,如果你有两块饼干,我再给你两块,你现在有多少块呢?当儿童不能回答正确时,拿出实物让他数一数,或者示范给他看怎么扳手指来进行运算。

我们还可以这样玩!

- 可以在日常生活中融入这个活动,比如,在玩完积木之后,和儿童一起收拾积木的时候让儿童进行这样的加法活动。

🔔 **特别要注意的事情**

- 5～6 岁的儿童很多时候还需要用实物进行运算,需要将物品出示给儿童看,然后示范如何进行加法计算。

- 等到儿童对于实物的加法非常熟悉了之后,再尝试让儿童一边听成人的描述,比如:原来你有两个苹果,后来妈妈又给你了两个苹果。让儿童在脑中想象出这个场景,然后进行表象的运算。

掌握了吗?

- 儿童能完成 2—8 加 2 的实物加法运算。

125. 0—9 找朋友(10 以内基数概念)

我们为什么这样做?

这个活动的目的是训练儿童能够正确辨认 0—9 每一个数字。

儿童需要准备的

能对 0—9 数字进行配对。

成人需要准备的

2 套 0—9 的数字卡,每张卡上写着一个数字。

开始玩吧!

- 成人将 0—5 的数字卡放在台子上,再给 0—5 的任意一张数字卡,让他去选择一个一样的,比如,给你一张 3,你还能找到另一张 3 吗?

- 如果儿童能够配对,就尝试 4—9 的数字配对。
- 最后把 0—9 所有的卡片都放在台子上,按顺序随机摆放,让儿童从 0 开始配对。

我们还可以这样玩!

- 也可以和儿童打数字牌,成人和儿童各拿一套数字卡片,成人拿出一张,让儿童拿出一张一样的。
- 随着儿童能力的提高,成人出示卡片时可以故意把卡片放歪或是倒置,训练儿童的心理旋转能力。

🔔 **特别要注意的事情**

- 对于 6 和 9 这些容易搞错的数字,成人可以用不同颜色来写,减轻难度。等到儿童熟悉之后,可以用同样的颜色写。
- 成人也可以通过旋转数字卡片,来减少或是增加难度。

掌握了吗?

- 儿童能正确辨认 0—9 的每一个数字,6 和 9 可能会有混淆。

图 3-4

126. 玩数字牌 2（量与数字的配对）（感知集合）

我们为什么这样做？

这个游戏的目的是训练儿童能够真正理解数字的含义，完成量与数字的配对。

儿童需要准备的

根据图片、纸牌或者骰子的数量进行配对。

成人需要准备的

1—5 的数字卡，包含 1—5 个物品的图。

开始玩吧！

- 成人将 5 张图片放在儿童面前，图中分别有 1—5 样物品，出示数字 4 给儿童看，先问儿童数字是几，如果儿童说错了，就告诉儿童这个是 4。
- 再让儿童找出有 4 个东西的图片，如果儿童没有找对，就让他数一数每张图片上的东西，当数到有 4 个东西的图片时，就告诉儿童：数字 4 和有 4 个东西的图配对。
- 用其他数字进行这个游戏。

我们还可以这样玩！

- 成人也可以和儿童进行按数取物的活动，给儿童一张数字卡，让他找出印有这么多物品的图片。

🔔 特别要注意的事情

- 因为自闭症儿童可能会把注意力集中在图片的背景上，所以，如果图片上还有背景，成人还需要注意提醒儿童注意那些需要数的物品。

掌握了吗？

- 在成人不说出数字是多少时，儿童能将数字与包含一样多物品的图片进行配对，物品的总量超过5。

第四部分

资源推荐

一、推荐儿童书

1. 大卫系列绘本（如《大卫不可以》《大卫上学去》等）
2. "学习毛毛虫"系列丛书
3. "阶梯数学"系列丛书
4. 《0—3岁宝宝的好伙伴：考拉宝宝系列》
5. 《我的第一本专注力训练书》
6. 迪士尼N次写：玩转数学+学写汉字
7. 幼儿新概念数学教程系列
8. 《巴布工程师游戏书》
9. 培养孩子好性格的80个经典迪士尼故事
10. 幼儿潜能开发系列丛书
11. 亲亲宝贝活动课程
12. 左右脑开发系列丛书

推荐家长书目

1. 布卢玛主编.波特奇早期教育方法[M].北京：人民教育出版社，2001.

2. 高天主编.音乐治疗导论[M].北京.军事医学科学出版社，2006.

3. 胡世红.特殊儿童的音乐治疗[M].北京：北京大学出版社，2011.

4. 黄伟合.用当代科学征服自闭症[M].上海：华东师范大学出版社，2008.

5. 黄伟合.儿童自闭症及其他发展性障碍的行为干预——家长和专业人员的指导手册[M].上海：华东师范大学出版社，2008.

6. 刘湘梅主编.现代妈妈:3—6岁幼儿记忆力训练[M].长沙：湖南少年儿童出版社，2011.

7. 加利·兰德雷斯（Garry L. Landreth）著.游戏治疗[M].雷秀雅，葛高飞译.重庆：重庆大学出版社，2011.

8. 毛颖梅编著.特殊儿童游戏治疗[M].北京：学苑出版社，2010.

9. 瑟琳·纳多,埃伦·迪克森著.我要更专心:如何帮助容易分心的孩子[M].查尔斯·贝尔插图,汪冰译.北京:化学工业出版社,2012.

10. 托尼·W.林德著.在游戏中发展儿童:以游戏为基础的跨学科儿童干预法[M].陈学锋,江泽菲译.上海:华东师范大学出版社,2008.

11. 托尼·W.林德著.在游戏中评价儿童:以游戏为基础的跨学科儿童评价法[M].陈学锋,江泽菲译.上海:华东师范大学出版社,2008.

12. 王和平.特殊儿童的感觉统合训练[M].北京:北京大学出版社,2011.

13. 王萍,高宏伟编著.家庭中的感觉统合训练[M].北京:中国妇女出版社,2011.

14. 西格曼,卡普斯著.特殊儿童的感觉统合训练[M].张勤译.成都:四川教育出版社,2008.

15. 于帆编著.亲子早教方案:中国儿童感觉统合游戏(0～6岁)[M].北京:北京大学出版社,2011.

16. 周念丽编著.特殊儿童的游戏治疗[M].北京:北京大学出版社,2011.

推荐 app

1. Choiceworks
2. Dot Line
3. 宝宝巴士系列
4. 宝宝连线系列
5. 点青蛙系列(Tap The Frog)
6. 可爱动物
7. 马赛克(MosaicHD)
8. 巧虎系列游戏
9. 涂鸦填色
10. 托马斯拼图(Hero Rails)
11. 熊大叔儿童系列游戏
12. 幼儿数字卡片
13. 幼儿形状拼图
14. 注意力训练

四 推荐网站

1. Activities to Learn

http://activitiestolearn.com/object-counting/

2. Autism360

http://autism360.org/

3. Autism Speaks

http://www.autismspeaks.org/?utm_source=autismspeaks.org&utm_medium=web&utm_campaign=primary-menu

4. do2learn

http://www.do2learn.com/subscription/product_details/masdesktop.php

5. Education.com

http://www.education.com/activity/

6. IXL

http://www.ixl.com/membership/

7. symbolword. org

http://www.symbolworld.org/

8. The National Autistic Society

http://www.autism.org.uk/

9. 中国儿童资源网

http://www.tom61.com/

10. 台湾教育主管部门特殊教育通报网

http://www.set.edu.tw/actclass/fileshare/default.asp

11. 大同学习村

http://www.hkedcity.net/article/specialed_pd_autism_archive/070313-009/

参 考 文 献

1. Baron-Cohen,S. Allen,J. &.Gillberg,C. Can autism be detected at 18 months? The Needed, the Haystack, and the CHAT. British Joutnal of Psychiatry, 1992, 161: 839-843 Frith. U. 1989 Autism: Explaining the enigma. British Journal of Developmental Psychology. 2003. 21(3): 465-468.

2. Greenspan,S. I. Childrenwith autistic spectrum disorders: individual differences, affect, interaction and the mechanisms of defense. Madison: International Universities Press, 2000: 685 Happe F. Studying weak central coherence at low levels: Children with autism do not succumb to visual illusions. A research note. Journal of Children Psychology and Psychiatry. 1996, 37 (7): 837-877.

3. Harris P. Pretending and planning. Understanding other minds: Perspectives from autism. London: Oxford University Press,1993. 228-246.

4. Hobson R. P. Autism and the development of mind. New

York: Grune and Stratton, 1993, 159-163.

5. Jinah, K., Tony, W. & Christian, G. The Effects of Improvisational Music Therapy on Joint Attention Behaviors in Autistic Chidren: A Randomized Controlled Study, Jounral of Autisim and Developmental Disorders. 2008, 38: 1758—1766.

6. Joseph RM. Neuropsychological Frameworks for Understanding Autism. International Reviews of Psychiatry, 1999, 11: 309-325.

7. Kathy E., Janek D., Art therapy with children on the autistic spectrum. London: Jessica Kingsley Publishers Led, 2001: 1.

8. Michelle Flippin and Linda R. Watson. Relationships between the responsiveness of fathers and mothers and the object play skills of children with autism spectrum disorders. Journal of Early Intervention. 2011, 33: 220.

9. Reitman, M. R. Effectiveness of music therapy interventions on joint attention in children diagnosed with autism: A pilot study. Dissertation Abstracts International. 2006, 66 (11-B): 6315.

10. W. Georeg Scarlett, Sophie Naudeau, Dorothy Salonius-Pasternak, Iris Ponte 著. 儿童游戏——在游戏中成长[M]. 谭晨 译. 中国轻工业出版社, 2008, 53-73.

11. 陈丽,曹漱芹,秦金亮.利用视觉支架式教学提升自闭症儿童语言能力的实证研究[J].幼儿教育：教育科学版,2010,(5)：44-48.

12. 陈旭红.感觉统合治疗自闭症的疗效分析[J].中国康复医学杂志.2004,19(10)：772-773.

13. 曹漱芹,方俊明.自闭症谱系儿童语言干预中的"视觉支持"策略[J].中国特殊教育,2008,(5)：26-31.

14. 曹漱芹,方俊明.自闭症儿童汉语词汇语义加工和图片语义加工的实验研究[J].中国特殊教育,2010.(10)：57-61.

15. 邓赐平,刘明.自闭症的认知神经发展研究：回顾与展望[J].华东师范大学学报：教育科学版,2004,22(3)：56-61.

16. 邓红珠等.感觉统合训练治疗儿童孤独症疗效及影响因素分析[J].临床儿科杂志,2005,23(2)：110-113.

17. 方俊明主编.特殊教育学[M].北京：人民教育出版社,2005：303.

18. 高天主编.音乐治疗导论[M].北京.军事医学科学出版社,2006:71-74.

19. 高瑛瑛等.感觉统合训练治疗儿童孤独症[J].中国临床康复.2003,7(21).

20. 江瑞芬,杨虹,王小林,王文强.结构化教学治疗儿童孤独症的疗效[J].中国儿童保健杂志,2006,14(5)：478-480.

21. 李亚伟.自闭症儿童音乐的治疗模型探索与个案研究[D].上海：华东师大.硕士论文.2005.

22. 林云强,赵斌,张福娟.自闭症儿童刻板行为的分析及干预策略探讨[J],中国儿童保健杂志,2011,19(5)：441-443.

23. 梁宁建主编.心理学导论[M].上海：上海教育出版社,2006：

24. 邵志芳.认知心理学[M].上海：上海教育出版社,2006：39.

25. 马玉,王立新,魏柳青,冯晴,张学民.自闭症者的视觉认知障碍及其神经机制[J].中国特殊教育,2011,(4)：60.

26. 邱学青.孤独症儿童游戏治疗的个案研究[J].学前教育研究,2001,(1)：36-37.

27. 桑标主编.当代儿童发展心理学[M].上海：上海教育出版社,2003：152.

28. 王和平编著.特殊儿童的感觉统合训练[M].北京：北京大学出版社,2011：2.

39. 王宇琛.自闭症儿童假装游戏实验研究[D]上海：华东师大.硕士论文.2011：2.

30. 魏寿洪,王雁.美国循证实践在自闭症谱系障碍儿童干预中的应用及其对我国的启示.比较教育研究,2011,(6)：15-19.

31. 于松海,郭云,朱玲会.解读自闭症儿童认知发展评估的太田阶段法[J].毕节学院学报,2010,28(10)：102-106.

32. 于晓辉,卢晓彤,张宁生.自闭症太田阶段评价法与认知发展疗法[J].辽宁师范大学学报:社会科学版,2008,31(6):64-66.

33. 尤娜,杨广学.自闭症"地板时光"疗法(Ⅰ):关系与表达训练[J].中国特殊教育,2008,(9):35-39.

34. 尤娜,杨广学.自闭症"地板时光"疗法(Ⅱ):象征游戏和逻辑智慧[J].中国特殊教育,2008,(12):61-65.

35. 邹小兵,邓红珠,唐春,李健英,李巧毅,静进.以家庭为基地的短期结构化教育治疗儿童孤独症的疗效[J].中国儿童保健杂志,2005,13(2):98-100.

36. 周念丽.自闭症儿童认知发展研究的回溯与探索[J].中国特殊教育,2002,(1):60-64.

北京大学出版社
教育出版中心 精品图书

21世纪特殊教育创新教材·理论与基础系列

特殊教育的哲学基础	方俊明 主编	36元
特殊教育的医学基础	张 婷 主编	36元
特殊教育导论（第二版）	雷江华 主编	45元
特殊教育学（第二版）	雷江华 方俊明 主编	43元
特殊儿童心理学（第二版）	方俊明 雷江华 主编	39元
特殊教育史	朱宗顺 主编	39元
特殊教育研究方法（第二版）	杜晓新 宋永宁 等 主编	39元
特殊教育发展模式	任颂羔 主编	33元
特殊儿童心理与教育（第二版）	杨广学 张巧明 王 芳 主编	36元
教育康复学导论	杜晓新 黄昭鸣	55元
特殊儿童病理学	王和平 杨长江	48元

21世纪特殊教育创新教材·发展与教育系列

书名	作者	价格
视觉障碍儿童的发展与教育	邓 猛 编著	33元
听觉障碍儿童的发展与教育	贺荟中 编著	38元
智力障碍儿童的发展与教育	刘春玲 马红英 编著	32元
学习困难儿童的发展与教育	赵 微 编著	39元
自闭症谱系障碍儿童的发展与教育	周念丽 编著	32元
情绪与行为障碍儿童的发展与教育	李闻戈 编著	36元
超常儿童的发展与教育（第二版）	苏雪云 张 旭 编著	39元

21世纪特殊教育创新教材·康复与训练系列

特殊儿童应用行为分析	李 芳 李 丹 编著	36元
特殊儿童的游戏治疗	周念丽 编著	30元
特殊儿童的美术治疗	孙 霞 编著	38元
特殊儿童的音乐治疗	胡世红 编著	32元
特殊儿童的心理治疗（第二版）	杨广学 编著	45元
特殊教育的辅具与康复	蒋建荣 编著	29元
特殊儿童的感觉统合训练	王和平 编著	45元
孤独症儿童课程与教学设计	王 梅 著	37元

自闭谱系障碍儿童早期干预丛书

书名	作者	价格
如何发展自闭谱系障碍儿童的沟通能力	朱晓晨 苏雪云	29元
如何理解自闭谱系障碍和早期干预	苏雪云	32元
如何发展自闭谱系障碍儿童的社会交往能力	吕 梦 杨广学	33元
如何发展自闭谱系障碍儿童的自我照料能力	倪萍萍 周 波	32元
如何在游戏中干预自闭谱系障碍儿童	朱 瑞 周念丽	32元
如何发展自闭谱系障碍儿童的感知和运动能力	韩文娟 徐芳 王和平	32元
如何发展自闭谱系障碍儿童的认知能力	潘前前 杨福义	39元
自闭症谱系障碍儿童的发展与教育	周念丽	32元
如何通过音乐干预自闭谱系障碍儿童	张正琴	36元
如何通过画画干预自闭谱系障碍儿童	张正琴	36元
如何运用ACC促进自闭谱系障碍儿童的发展	苏雪云	36元
孤独症儿童的关键性技能训练法	李 丹	45元
自闭症儿童家长辅导手册	雷江华	35元
孤独症儿童课程与教学设计	王 梅	37元
融合教育理论反思与本土化探索	邓 猛	58元
自闭谱系障碍儿童家庭支持系统	孙玉梅	36元

特殊学校教育·康复·职业训练丛书（黄建行 雷江华 主编）

信息技术在特殊教育中的应用	55元
智障学生职业教育模式	36元
特殊教育学校学生康复与训练	59元
特殊教育学校校本课程开发	45元
特殊教育学校特奥运动项目建设	49元

21世纪学前教育规划教材

学前教育概论	李生兰 主编	49元
学前教育管理学	王 雯	45元
幼儿园歌曲钢琴伴奏教程	果旭伟	39元
幼儿园舞蹈教学活动设计与指导	董 丽	36元
实用乐理与视唱	代 苗	40元
学前儿童美术教育	冯婉贞	45元
学前儿童科学教育	洪秀敏	39元
学前儿童游戏	范明丽	39元
学前教育研究方法	郑福明	39元
外国学前教育史	郭法奇	39元
学前教育政策与法规	魏 真	36元
学前心理学	涂艳国、蔡 艳	36元
学前教育理论与实践教程	王 维 王维娅 孙 岩	39元
学前儿童数学教育	赵振国	39元

大学之道丛书

市场化的底限	[美]大卫·科伯 著 59元
大学的理念	[英]亨利·纽曼 著 49元
哈佛：谁说了算	[美]理查德·布瑞德利 著 48元
麻省理工学院如何追求卓越	[美]查尔斯·维斯特 著 35元
大学与市场的悖论	[美]罗杰·盖格 著 48元
高等教育公司：营利性大学的崛起	[美]理查德·鲁克 著 38元
公司文化中的大学：大学如何应对市场化压力	[美]埃里克·古尔德 著 40元
美国高等教育质量认证与评估	[美]美国中部州高等教育委员会 编 36元
现代大学及其图新	[美]谢尔顿·罗斯布莱特 著 60元
美国文理学院的兴衰——凯尼恩学院纪实	[美]P.F.克鲁格 著 42元
教育的终结：大学何以放弃了对人生意义的追求	[美]安东尼·T.克龙曼 著 35元
大学的逻辑（第三版） 张维迎 著 38元
我的科大十年（续集） 孔宪铎 著 35元
高等教育理念 [英]罗纳德·巴尼特 著 45元
美国现代大学的崛起 [美]劳伦斯·维赛 著 66元
美国大学时代的学术自由 [美]沃特·梅兹格 著 39元
美国高等教育通史 [美]亚瑟·科恩 著 59元
美国高等教育史 [美]约翰·塞林 著 69元
哈佛通识教育红皮书 哈佛委员会撰 38元
高等教育何以为"高"——牛津导师制教学反思 [英]大卫·帕尔菲曼 著 39元
印度理工学院的精英们 [印度]桑迪潘·德布 著 39元
知识社会中的大学 [英]杰勒德·德兰迪 著 32元
高等教育的未来：浮言、现实与市场风险 [美]弗兰克·纽曼等 著 39元
后现代大学来临？ [英]安东尼·史密斯等 主编 32元
美国大学之魂 [美]乔治·M.马斯登 著 58元
大学理念重审：与纽曼对话 [美]雅罗斯拉夫·帕利坎 著 40元
学术部落及其领地——当代学术界生态揭秘（第二版） [英]托尼·比彻 保罗·特罗勒尔 著 33元
德国古典大学观及其对中国大学的影响（第二版） 陈洪捷 著 42元
转变中的大学：传统、议题与前景 郭为藩 著 23元

学术资本主义：政治、政策和创业型大学
[美]希拉·斯劳特 拉里·莱斯利 著 36元
21世纪的大学 [美]詹姆斯·杜德斯达 著 38元
美国公立大学的未来
[美]詹姆斯·杜德斯达 弗瑞斯·沃马克 著 30元
东西象牙塔 孔宪铎 著 32元
理性捍卫大学 眭依凡 著 49元

学术规范与研究方法系列

社会科学研究方法100问 [美]萨子金德 著 38元
如何利用互联网做研究 [爱尔兰]杜恰泰 著 38元
如何为学术刊物撰稿：写作技能与规范（英文影印版） [英]罗薇娜·莫 编著 26元
如何撰写和发表科技论文（英文影印版）
[英]罗伯特·戴 等著 39元
如何撰写与发表社会科学论文：国际刊物指南
蔡今忠 著 35元
如何查找文献 [英]萨莉拉·姆齐 著 35元
给研究生的学术建议 [英]戈登·鲁格 等著 26元
科技论文写作快速入门
[瑞典]比约·古斯塔维 著 19元
社会科学研究的基本规则（第四版）
[英]朱迪斯·贝尔 著 32元
做好社会研究的10个关键
[英]马丁·丹斯考姆 著 20元
如何写好科研项目申请书
[美]安德鲁·弗里德兰德 等著 28元
教育研究方法（第六版）
[美]乔伊斯·高尔 等著 88元
高等教育研究：进展与方法
[英]马尔科姆·泰特 著 25元
如何成为学术论文写作高手 华莱士 著 49元
参加国际学术会议必须要做的那些事
华莱士 著 32元
如何成为优秀的研究生 布卢姆 著 38元

21世纪高校职业发展读本

如何成为卓越的大学教师 肯·贝恩 著 32元
给大学新教员的建议 罗伯特·博伊斯 著 35元
如何提高学生学习质量
[美]迈克尔·普洛瑟 等著 35元
学术界的生存智慧 [美]约翰·达利 等主编 35元
给研究生导师的建议（第2版）
[英]萨拉·德拉蒙特 等著 30元

21世纪教师教育系列教材·物理教育系列

中学物理微格教学教程（第二版）
　　　　　　　　　　张军朋　詹伟琴　王　恬　编著　32元
中学物理科学探究学习评价与案例
　　　　　　　　　　张军朋　许桂清　编著　32元
物理教学论　　　　　　邢红军　著　49元
中学物理教学评价与案例分析
　　　　　　　　　　王建中　孟红娟　著　38元

21世纪教育科学系列教材·学科学习心理学系列

数学学习心理学（第二版）
　　　　　　　　　　孔凡哲　曾　峥　编著　38元
语文学习心理学　　　　　董蓓菲　编著　39元

21世纪教师教育系列教材

教育学基础　　　　　　庞守兴　主编　40元
教育学　　　　　　余文森　王　晞　主编　26元
教育研究方法　　　　　　刘淑杰　主编　45元
教育心理学　　　　　　　王晓明　主编　55元
心理学导论　　　　　　　杨凤云　主编　46元
教育心理学概论　　　　连榕　罗丽芳　主编　42元
课程与教学论　　　　　　李允　主编　42元
教师专业发展导论　　　　于胜刚　主编　42元
学校教育概论　　　　　　李清雁　主编　42元
现代教育评价教程（第二版）　吴钢　主编　45元
教师礼仪实务　　　　　　刘霄　主编　36元
家庭教育新论　　　　闫旭蕾　杨萍　主编　39元
中学班级管理　　　　　　张宝书　主编　39元
教育职业道德　　　　　　刘亭亭　39元
教师心理健康　　　　　　张怀春　39元
现代教育技术　　　　　　冯玲玉　39元
青少年发展与教育心理学　张清　42元
课程与教学论　　　　　　李允　42元
课堂教学艺术（第二版）　孙菊如　陈春荣　49元

21世纪教师教育系列教材·初等教育系列

小学教育学　　　　　　田友谊　主编　39元
小学教育学基础　　　张永明　曾碧　主编　42元
小学班级管理　　　　张永明　宋彩琴　主编　39元
初等教育课程与教学论　　罗祖兵　主编　45元
小学教育研究方法　　　　王红艳　主编　39元

教师资格认定及师范类毕业生上岗考试辅导教材

教育学　　　　　　余文森　王　晞　主编　26元
教育心理学概论　　　连榕　罗丽芳　主编　42元

21世纪教师教育系列教材·学科教育心理学系列

语文教育心理学　　　　　董蓓菲　编著　39元
生物教育心理学　　　　　胡继飞　编著　45元

21世纪教师教育系列教材·学科教学论系列

新理念化学教学论（第二版）　王后雄　主编　45元
新理念科学教学论（第二版）
　　　　　　　　　　崔鸿　张海珠　主编　36元
新理念生物教学论（第二版）
　　　　　　　　　　崔鸿　郑晓慧　主编　45元
新理念地理教学论（第二版）　李家清　主编　45元
新理念历史教学论（第二版）　杜芳　主编　33元
新理念思想政治（品德）教学论（第二版）
　　　　　　　　　　胡田庚　主编　36元
新理念信息技术教学论（第二版）
　　　　　　　　　　吴军其　主编　32元
新理念数学教学论　　　　冯虹　主编　36元

21世纪教师教育系列教材·语文课程与教学论系列

语文文本解读实用教程　　荣维东　主编　49元
语文课程教师专业技能训练
　　　　　　　　　　张学凯　刘丽丽　主编　45元
语文课程与教学发展简史
　　　　　　　　武玉鹏　王从华　黄修志　主编　38元
语文课程学与教的心理学基础　韩雪屏　王朝霞　主编
语文课程名师名课案例分析　武玉鹏　郭治锋　主编
语用性质的语文课程与教学论　王元华　著　42元

21世纪教师教育系列教材·学科教学技能训练系列

新理念生物教学技能训练（第二版）　崔鸿　33元
新理念思想政治（品德）教学技能训练（第二版）
　　　　　　　　　　胡田庚　赵海山　29元
新理念地理教学技能训练　李家清　32元
新理念化学教学技能训练（第二版）　王后雄　36元
新理念数学教学技能训练　王光明　36元
新理念小学音乐教学法　　吴跃跃　主编　38元

王后雄教师教育系列教材

教育考试的理论与方法　　王后雄　主编　35元
化学教育测量与评价　　　王后雄　主编　45元
中学化学实验教学研究　　王后雄　主编　32元
新理念化学教学诊断学　　王后雄　主编　48元

西方心理学名著译丛

荣格心理学七讲　　　　[美]卡尔文·霍尔　45元

拓扑心理学原理	[德]库尔德·勒温 32元
系统心理学：绪论	[美]爱德华·铁钦纳 30元
社会心理学导论	[美]威廉·麦独孤 36元
思维与语言	[俄]列夫·维果茨基 30元
人类的学习	[美]爱德华·桑代克 30元
基础与应用心理学	[德]雨果·闵斯特伯格 36元
记忆	[德]赫尔曼·艾宾浩斯 著 32元
儿童的人格形成及其培养	[奥地利]阿德勒 著 35元
幼儿的感觉与意志	[德]威廉·蒲莱尔 著 45元
实验心理学（上下册）	[美]伍德沃斯 施洛斯贝格著 150元
格式塔心理学原理	[美]库尔特·考夫卡 75元
动物和人的目的性行为	[美]爱德华·托尔曼 44元
西方心理学史大纲	唐钺 42元

心理学视野中的文学丛书

| 围城内外——西方经典爱情小说的进化心理学透视 | 熊哲宏 32元 |
| 我爱故我在——西方文学大师的爱情与爱情心理学 | 熊哲宏 32元 |

21世纪教学活动设计案例精选丛书（禹明 主编）

初中语文教学活动设计案例精选	23元
初中数学教学活动设计案例精选	30元
初中科学教学活动设计案例精选	27元
初中历史与社会教学活动设计案例精选	30元
初中英语教学活动设计案例精选	26元
初中思想品德教学活动设计案例精选	20元
中小学音乐教学活动设计案例精选	27元
中小学体育（体育与健康）教学活动设计案例精选	25元
中小学美术教学活动设计案例精选	34元
中小学综合实践活动教学活动设计案例精选	27元
小学语文教学活动设计案例精选	29元
小学数学教学活动设计案例精选	33元
小学科学教学活动设计案例精选	32元
小学英语教学活动设计案例精选	25元
小学品德与生活（社会）教学活动设计案例精选	24元
幼儿教育教学活动设计案例精选	39元

全国高校网络与新媒体专业规划教材

文化产业概论	尹章池 38元
网络文化教程	李文明 42元
网络与新媒体评论	杨娟 38元
新媒体概论	尹章池 39元
新媒体视听节目制作	周建青 45元
融合新闻学	石长顺 39元
新媒体网页设计与制作	惠悲荷 39元
网络新媒体实务	张合斌 39元
突发新闻教程	李军 45元
视听新媒体节目制作	周建青 45元
视听评论	何志武 32元
出镜记者案例分析	刘静 邓秀军 39元
视听新媒体导论	郭小平 39元
网络与新媒体广告	尚恒志 张合斌 49元
网络与新媒体文学	唐东堰 雷奕 49元

全国高校广播电视专业规划教材

电视节目策划教程	项仲平 著 36元
电视导播教程	程晋 编著 39元
电视文艺创作教程	王建辉 编著 39元
广播剧创作教程	王国臣 编著 36元

21世纪教育技术学精品教材（张景中 主编）

教育技术学导论（第二版）	李芒 金林 编著 38元
远程教育原理与技术	王继新 张屹 编著 41元
教学系统设计理论与实践	杨九民 梁林梅 编著 29元
信息技术教学论	雷体南 叶良明 主编 29元
网络教育资源设计与开发	刘清堂 主编 30元
学与教的理论与方式	刘雍潜 32元
信息技术与课程整合（第二版）	赵呈领 杨琳 刘清堂 39元
教育技术研究方法	张屹 黄磊 38元
教育技术项目实践	潘克明 32元

21世纪信息传播实验系列教材（徐福荫 黄慕雄 主编）

多媒体软件设计与开发	32元
电视照明·电视音乐音响	26元
播音与主持艺术（第二版）	38元
广告策划与创意	26元
摄影基础（第二版）	32元

21世纪教师教育系列教材·专业养成系列（赵国栋 主编）

微课与慕课设计初级教程	40元
微课与慕课设计高级教程	48元
微课、翻转课堂和慕课设计实操教程	188元
网络调查研究方法概论（第二版）	49元
PPT云课堂教学法	88元